高等职业院校职业素质教育改革创新教材

护理礼仪
理论与实训

HULI LIYI LILUN YU SHIXUN

主 编 韩 丹 乐益娜

中国教育出版传媒集团
高等教育出版社·北京

内容提要

本书是高等职业院校职业素质教育改革创新教材。

本书由九个章节组成，包括护理礼仪概论、护士社交礼仪、护士职业形象塑造、护士人际沟通、综合性医院护理礼仪、儿童医院护理礼仪、妇产科医院护理礼仪、老年病医院护理礼仪、实习护士实习礼仪与求职礼仪。每章由学习目标、学习内容、情境导入、知识窗、阅读角、课堂讨论、护理实训、练一练等内容组成。为了利教便学，部分学习资源以二维码形式提供在相关内容旁，可扫描获取。此外，本书另配有教学课件等教学资源，供教师教学使用。

本书适合作为高等职业院校、职业本科院校护理类专业教学用书，也可作为社会人士的兴趣读物。

图书在版编目(CIP)数据

护理礼仪理论与实训 / 韩丹，乐益娜主编. -- 北京：高等教育出版社，2025. 8. -- ISBN 978-7-04-064598-9

Ⅰ．R47

中国国家版本馆 CIP 数据核字第 2025DB2114 号

| 策划编辑 赵力杰 | 责任编辑 赵力杰 | 封面设计 张文豪 | 责任印制 高忠富 |

出版发行	高等教育出版社	网　　址	http://www.hep.edu.cn
社　　址	北京市西城区德外大街 4 号		http://www.hep.com.cn
邮政编码	100120	网上订购	http://www.hepmall.com.cn
印　　刷	上海盛通时代印刷有限公司		http://www.hepmall.com
开　　本	787mm×1092mm　1/16		http://www.hepmall.cn
印　　张	12.5		
字　　数	200 千字	版　　次	2025 年 8 月第 1 版
购书热线	010-58581118	印　　次	2025 年 8 月第 1 次印刷
咨询电话	400-810-0598	定　　价	34.00 元

本书如有缺页、倒页、脱页等质量问题，请到所购图书销售部门联系调换

编写委员会

———————•———————

主　编：韩　丹　乐益娜

副主编：梁冠冕　刘晓霞　王亚红

参　编：徐成花　潘　然　金惠露　施敏敏

　　　　陈　露　吴　萼

前　言

护理礼仪在医疗护理工作中具有极其重要的作用。它不仅能够提升护士的职业形象和职业素养，还能够促进护患关系的和谐、提高护理质量和体现医院文化。学习和实践护理礼仪、掌握护理礼仪技巧、养成良好礼仪习惯，是提升护理人文素养的必经之路。

本书的编写以习近平新时代中国特色社会主义思想为指导，坚持立德树人，对接新时代健康中国建设对护理专业人才培养需求。根据职业院校护理类专业的培养目标，本书注重体现思想性、科学性、先进性，通过基于工作过程的课程观，将现代临床护理礼仪的新理念、新规范融入教材，突出实用性，充分体现职业院校人才培养特点。本书特色如下：

一、融入课程思政，注重人文实践

护理工作的服务对象是人，因此，本书以学生为本，以人的健康为中心，注重人文实践，通过融入课程思政内容，启发学生深度自悟、陶冶灵魂，从根本上领悟做人、做事之道。另外，本书从顶层设计到内容选取，尤其突出新时代育人导向，将政治素养和医德医技培养贯穿学习的全过程，全面融入社会主义核心价值观，体现"敬佑生命、救死扶伤、甘于奉献、大爱无疆"的卫生与健康工作者精神。

二、基于工作岗位，强化医教协同

本书编写团队包括临床一线护理专家，具有丰富的临床实践工作经验和管理经验。教材内容紧密联系工作岗位实际需要，注重吸收护理发展的新知识、新技术、新方法,以及产教融合新成果,从而突出实践能力和职业能力培养。同时,本书内容包括了护士执业资格考试所要求的相关内容,凸显本书的协同性和实用性。

三、利用信息化手段,体现融合创新

为体现卫生健康及职业教育与新技术的融合成果,本书与时俱进,创新教材呈现形式,主动适应移动通信等新技术、新手段、新方法在卫生健康和职业教育领域的广泛应用,在纸本教材中融合了数字资源,学生可以通过扫描教材上的二维码观看相关视频及进行练习,从而激发其学习兴趣和求知欲,增强教材的育人育才效果。

本书在编写中参考了本行业众多专家、学者的相关研究成果,得到了校企合作企业和临床一线专家、教师的支持和帮助,在此一并表示诚挚的感谢。

在本书编写过程中,尽管各位编者做出了不懈努力,但由于水平和时间有限,难免存在疏漏和不当之处,恳请各位读者提出意见和建议。

编　者

目 录

第一章 护理礼仪概论

 学习目标

1. 掌握护理礼仪的基本概念和基本原则。
2. 熟悉护理礼仪的特征与作用。
3. 了解学习护理礼仪的方法。
4. 能在实际临床工作中自觉遵守护理礼仪的要求，不断提升职业素养。
5. 能在学习、工作和生活中根据实际情况，充分展现现代护理礼仪和道德修养，塑造良好的护士职业形象。

 学习内容

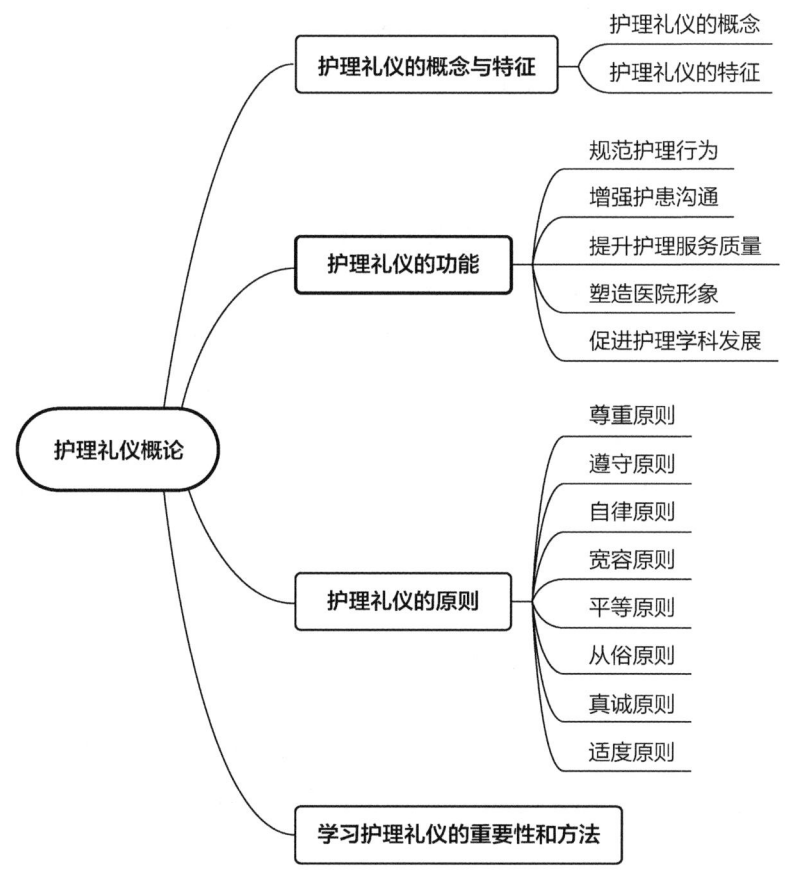

情境导入

　　一个阳光明媚的早晨,在某大型医院的病房里,一位新入院的老奶奶因为骨折需要接受长期的康复治疗。她是第一次住院,对医院的环境和住院流程感到陌生和不安。此时,你作为一名护理专业的实习生,被分配为这位老奶奶的责任护士。

请思考:

　　请你根据所学的护理礼仪知识,与老奶奶进行初次沟通,让她感受到温暖和关怀,同时为她提供必要的入院指导和心理支持。

　　中国是礼仪之邦,有着灿烂悠久的礼仪文化。在中华文明发展的过程中,礼仪文化贯穿始终,成为国家、民族文明水平和社会进步的重要标志,对中华民族的可持续发展和医疗卫生事业的进步发挥了重要的作用。随着现代社会的高速发展,全球化程度的进一步加快,医疗市场的竞争日益激烈,护理礼仪作为护理技术的衍生服务,越来越受到关注,并被纳入护士全过程培养的基础教育,成为现代护理职业教育中不可缺少的环节。

知识窗

优质护理服务的具体礼仪要求

1. 病房安静、整洁、舒适、安全。

2. "三化":操作规范化、护理人性化、管理制度化。

3. "六多":多一声问候、多一句解释、多一点理解、多一分关注、多一些笑容、多一声祝福。

4. "六满意":患者满意、护士满意、医生满意、医院满意、社会满意、政府满意。

5. "七声":患者初到有迎声、进行治疗有称呼声、操作失误有歉声、患者合作有谢声、遇见患者有询问声、接打电话有问候声、患者出院有道别声。

6. "八心":爱心、热心、细心、关心、耐心、虚心、同情心、责任心。

第一节　护理礼仪的概念与特征

礼既是个人立身之本,又是国家治理之策。礼仪受社会历史、文化背景、风俗习惯等影响。随着社会的进步、科技的发展及医疗模式的变化,全社会对护理工作人员的礼仪修养提出了更高的要求。

一、护理礼仪的概念

护理礼仪是指护理工作者在工作岗位上进行护理操作和健康宣教过程中应该严格遵循的行为规范与标准。它属于一种特殊的职业礼仪范畴,能指导并协调护理人员的整个护理行为,是护士职业道德的具体表现,也是其自身素质、气质和修养的综合反映。

二、护理礼仪的特征

护理工作具有很强的专业性,护士面对的是有着各种各样复杂的生理和心理问题的患者,所以护士的护理礼仪与自身道德修养直接体现了整个护理工作的质量和形象。护理礼仪主要来源于真实的临床工作,因而具有很强的实践性、普适性和应用性。同时,它还具有护理专业特殊的文化属性,在适用对象、适用范围上都具有显著的专业特性。护理礼仪的这些特征共同构成了其独特的价值和意义,为护理工作的发展和改进提供了有力的支持和保障。

(一) 规范性

护理礼仪是护理工作者在工作过程中必须遵守的行为准则和规范。它详细说明了护士在各种工作场景下应该如何表现,包括如何与患者交流、如何执行护理操作等,是护士仪容仪表、言谈举止和待人接物等方面的具体标准和模式。

(二) 强制性

护理礼仪是在相关法律、法规、规章、制度的基础上形成并不断完善的,因此对护士具有强制性的约束力,要求护士在工作中必须严格遵守护理礼仪规范并认真执行,否则就会面临相应的惩戒。

(三) 适应性

护理礼仪的适应性主要是指在面对不同患者或者在不同的文化背景下,

护士要灵活调整自己的行为和沟通方式,充分尊重对方的信仰、文化和习俗,建立良好的护患关系,提高患者的满意度和信任度。

(四) 可行性

护理礼仪来源于工作场景,又运用于临床工作,所以这些行为准则和规范需要在实际操作时具有可行性和实用性,使护士在实际工作中能够轻松地应用这些规范,进而提高工作效率和质量。

(五) 综合性

护理礼仪是一种专业文化,涵盖了多个方面,包括护理人员的仪容仪表、言谈举止、沟通技巧、职业道德等。它是护理工作科学性与艺术性的统一,是科技与人文的统一,也是伦理学与美学的统一。它要求护理人员在工作中不仅要具备专业的医学知识和技能,还要具备良好的人际交往能力和高尚的职业道德品质。

 课堂讨论

请查阅资料,讨论"OK"形手势(拇指和食指相连成环形,其他三指伸直)在中国、英国、美国、法国、德国、俄罗斯、希腊、日本、巴西等国分别表示什么。

(六) 传统性

"千里不同风,百里不同俗",不同的国家、地区、民族有着自己独特的文化背景与风俗习惯,礼仪的差异性就是礼仪的民族性和地域性。礼仪文化是中华优秀传统文化的重要组成部分。护理礼仪继承和发扬了护理学长期以来的优良传统和文化,为现代护理工作提供了宝贵的经验和指导。

第二节　护理礼仪的功能

护理礼仪作为医疗服务中的一部分,具有不可替代的重要作用。

一、规范护理行为

护理礼仪的首要功能是规范护理行为。在护理工作中,护士的行为举止直接代表着护理人员和医院的形象。护理礼仪通过制定明确的行为准则和规范,为护士提供了一个明确的工作指南。这些行为准则和规范不仅规定了护士在工作中应该遵循的基本礼仪和职业操守,还囊括了与患者交流、执行护理操作等方面的具体要求,确保了护士在临床工作中能够秉承严谨的态度,保持专业形象,以统一、标准的方式提供服务。

规范护理行为的重要性还在于它能够确保患者始终得到一致的和高质量的护理服务。当护士在工作中遵循相同的行为准则和规范时,患者无论在哪个医院、哪个护理单元,都能享受到相同水平的护理服务。这不仅有助于减少护理工作中产生的差错和纠纷,维护患者的权益,还能提升患者对医疗服务的信任和整体满意度。

此外,规范护理行为还能够促进护理团队之间的沟通和协作。当所有护理人员都遵守相同的行为准则和规范时,工作中的相互合作将更加顺畅,能减少因沟通不畅或操作差异而引发的矛盾和误解,有助于提高护理团队的整体效率和工作质量。

二、增强护患沟通

在护理工作中,与患者建立良好的沟通和信任关系是提供高质量护理服务的关键。护理礼仪对护士的言谈举止、沟通方式等方面做出了一定的要求,这有助于护士与患者建立良好的护患关系。通过礼貌、尊重和真诚的表达,护士可以有效地与患者进行沟通交流,从而提供更加舒适周到的护理服务。

在护患沟通中,护士的态度、语气、表情等都会对患者的感受产生重要影响。一个真挚的微笑、一句暖心的问候、一次耐心的解释,都能让患者感受到护士的关爱和尊重。例如,在患者入院时,护理人员以微笑和热情的态度接待,详细介绍医院环境和注意事项,这种良好的护患沟通互动不仅能够缓解患者的紧张情绪,还能够增强患者对医护人员的信任感,提升治疗效果。

同时,护理礼仪还强调护理人员在沟通中应该注重倾听和理解。只有真正了解患者的感受和需求,才能提供更加精准的护理服务。通过认真倾听患者的诉求、仔细关注患者的情绪变化、耐心解答患者的疑问等方式,护理人员才能够与患者建立起相互信任的护患关系,为患者的康复和治疗创造更加良好的条件。

三、提升护理服务质量

护理服务质量是评价护理工作水平的重要指标之一。护理礼仪不仅是表面的行为规范,更是内在职业道德的体现。护理礼仪强调护士的职业道德和责任心,意在激发护士的工作热情和积极性。护士遵循护理礼仪,不仅是一种行为模式,更是在履行自己的职业职责和道德义务。例如,在每次接触患者前洗手、穿戴整洁的制服和标志明显的胸牌,这是对患者尊重,也是承担自身职业责任的体现。通过这样的日常行为,护理人员能够更加自觉地关注患者的身心健康,提供更为细致和专业的护理服务。

此外,护理礼仪还强调护士在工作中需要注重团队合作和协作精神。通过相互支持、相互配合的方式,护士可以齐心协力共同应对繁杂临床工作中的各种挑战和困难,为患者提供更加全面、高效的护理服务。这种团队合作和协作精神也是提升护理服务质量的重要保障。

四、塑造医院形象

护理礼仪作为医院文化的重要组成部分,对于塑造医院形象具有重要作用。在医疗服务市场竞争日益激烈的今天,医院形象已经成为吸引患者和提升综合竞争力的重要因素之一。一个具有良好形象和声誉的医院往往能够吸引更多的患者前来就诊。护理人员在工作中所展现的专业素养、良好的职业道德风貌以及优质的服务水平,不仅能够提升医院的社会地位和影响力,还能够为医院的长远发展奠定坚实的基础。

同时,护理礼仪还能够提升医院的整体形象和竞争力。在护理工作中,护理团队之间需要相互合作、共同应对各种挑战和问题。通过遵循护理礼仪的规范和原则,医护同事之间能够更加和谐地相处、更加有效地协作,从而提高整个团队的凝聚力和向心力,为医院的发展提供有力的支持。

> **知识窗**
>
> #### 护士职业形象
>
> 护士职业形象由护士职业三要素即信心(confidence)、能力(competence)、可靠(credibility)构成,因为这三要素的英文单词首字母均为"C",故也称"CCC"精神。
>
> 信心:指相信自己的愿望一定能实现。
>
> 能力:指能完成本职工作或做好某件事的本领。
>
> 可靠:指护士对事物所反映出的可信程度。

五、促进护理学科发展

护理礼仪作为护理学科的重要组成部分之一，它的不断完善和发展，有助于推动护理学科的不断进步和创新。随着医疗技术的不断进步和医疗服务水平的不断提升，护理礼仪也需要不断更新和完善以适应新的需求和挑战。通过引入新的理念、方法和技巧，护理礼仪可以推动护理学科的不断进步和创新，使之更好地适应现代医疗服务的需求，为护理学科的发展注入新的活力。

护理礼仪的实践和研究还能够为护理学科提供新的研究方向和思路。通过对护理礼仪的深入研究和探讨，我们可以更加深入地了解护理工作的本质和规律，为护理学科的发展提供更加坚实的理论基础和实践支持。

综上所述，护理礼仪在护理工作中具有多重功能。这些功能共同促进了护理工作的质量和效率，提升了患者满意度和医院形象，同时也推动了护理学科的不断发展。因此，我们应该高度重视护理礼仪在护理工作中的重要作用，不断完善和发展护理礼仪体系，为护理学科的发展和人类健康事业的进步做出更大的贡献。

第三节　护理礼仪的原则

学习和掌握护理礼仪的原则，对护理工作人员规范自己的职业活动和日常社会活动具有重要的作用。

一、尊重原则

尊重是护理礼仪的基础，它包括对自己的尊重和对他人的尊重。在人际交往中，我们要秉承互谦互让、互尊互敬、友好相待、和睦相处的原则，将尊重、友好放在首位，要常存敬人之心，不可失敬于人。在工作中，护士应该尊重患者的人格、权利和感受，尊重他们的隐私、意见和选择，无论他们的身份和地位如何，都应给予他们同等的尊重和关怀。同时，护士也应该尊重其他医护人员的工作和贡献，共同营造并维护和谐的医疗团队氛围。

阅读角

杨时程门立雪

杨时,北宋时期的著名学者,以其深厚的学识和谦逊的品格而著称。有一次,他和好友游酢相约一起去拜访当时的著名学者程颐。不巧的是,当他们抵达程颐家时,正值程颐午休。杨时和游酢并没有打扰程颐的休息,而是选择静静地站在门外等待。当时正值寒冬,大雪纷飞。杨时和游酢站在门外,任由雪花落在身上,没有丝毫的不耐烦或不满。程颐醒来后,看到门外站着满身是雪的杨时和游酢,非常感动。他对两位年轻人的谦逊和尊敬表示了赞赏,并盛情邀请他们进屋,亲自为他们讲授了学问。

这个故事不仅展示了杨时和游酢的谦逊和对师长的尊敬,也体现了"礼"在日常生活中的重要性。在古代中国,礼仪被视为社会生活的基石,它规范了人们的行为举止,维护了社会秩序。同时,礼仪也是个人修养的体现,它展示了一个人的品格和道德水平。尊重他人、谦逊待人不仅是中华民族的传统美德,也是现代社会中不可或缺的品质。我们要营造和谐、文明的社会环境,就应该注重个人修养的提升,通过学习和实践不断提高自己的品格和道德水平。

二、遵守原则

礼仪是人类社会文明发展的产物,是人们社会交际活动的共同准则,反映了人们的共同利益和追求。因此,在社交活动中,每个人都必须遵守礼仪规则,规范自己的言谈举止。在护理工作中,护士更需要严格遵守医疗机构的规章制度和护理操作规程,包括遵守医院的着装要求、工作时间安排、患者护理流程等。只有严格遵守这些规定,护士才能够确保护理工作的规范性和安全性,为患者提供稳定、高质量的护理服务。

三、自律原则

自律是一种内在的力量,它能使人在面对各种诱惑和挑战时,坚守自己的价值观和道德准则,保持清醒的头脑和坚定的意志。曾子曰"吾日三省吾身",强调人们要经常反思自己的言行,检查自己是否忠诚、守信、勤奋,从而保持不断进步。护士在繁忙的临床操作中必须具备这种自我约束和自我管理的能力,自觉按照礼仪规范和操作规程去做而不需要外界的提示与监督,这样才能够树立良好的职业形象,赢得患者的信任和尊重。

四、宽容原则

宽容就是在人际交往中体谅他人、容忍他人、严于律己、宽以待人,正所谓"海纳百川,有容乃大",宽容不仅包含着理解和原谅,更显示着气质和胸襟、坚强和力量。在护理工作中,护士会遇到各种各样的挑战和困难,比如患者的情绪剧烈波动或者言语沟通障碍等。在这种情况下,护士应该保持宽容和理解的心态,给予患者足够的耐心和关怀,而不是针锋相对、据理力争,以此缓解护患之间的紧张关系,促进和谐的护患互动。

五、平等原则

平等是礼仪的核心,它强调在人际交往中护士对患者要以诚相待、一视同仁,不能因为对方的性别、年龄、信仰、病情轻重、身份地位、种族、国籍、职业职务等的不同而区别对待,厚此薄彼。在临床工作中,护士应该平等地对待每一位患者,不能带有任何偏见或歧视,而是要根据患者的病情和需要,给他们提供同等的护理服务和关心,不偏袒任何一方。这样才能够维护公正、公平的医疗护理环境,促进护患关系的良性发展。

六、从俗原则

古人云"入境而问禁,入国而问俗,入门而问讳"。在不同的文化和社会背景下,人们的习俗和礼仪可能会有所不同,因此在人际交往中,我们必须要坚持入乡随俗,切忌自以为是、狂妄自大,简单否定他人的风俗习惯。作为护士,在提供护理服务时,应该尊重并适应患者的文化背景和习俗,以便能够更好地融入患者的社会环境,提供更能满足患者需求的护理服务。

七、真诚原则

真诚是指运用礼仪时言行一致、表里如一、真心实意、坦诚相待,也是建立护患关系的基础。当与患者沟通和进行护理操作时,护士应该真诚地表达关心和支持,让患者由衷地感受到温暖和信任,从而赢得患者的信任和依赖,也能够大幅地提高护理工作的效果和质量。

八、适度原则

为了保证礼仪沟通的效果,我们在应用护理礼仪时需要把握分寸,恰到好处,避免过于烦琐或过于简单。第一,感情适度,既要彬彬有礼,不低三下四,也要热情大方,不夸张虚浮;第二,谈吐适度,要坦率真挚,不言过其实;第三,举止适度,要认真得体,不矫揉造作。护士在临床工作中,应该根据患者的需求和情境的变化,灵活调整自己的行为和态度。这样既能保持护理工作的专业性和有效性,还能为患者提供更舒适、便捷的护理服务。

以上的八条护理礼仪原则,不仅能帮助护士在临床护理实践中展现出良好的职业素养和服务态度,为患者提供优质、高效的护理服务,也有助于促进护患关系的和谐与发展,提升医疗机构的整体形象和声誉。

第四节　学习护理礼仪的重要性和方法

护理礼仪需要护理工作人员结合自身实际情况,通过不断学习和训练,以礼仪的准则规范要求自己的言行。

一、学习护理礼仪的重要性

知礼懂礼、行礼守礼不仅能够赢得他人和社会的尊重,同时也是提高护理服务质量,树立护理人员良好职业形象的重要条件。护士在为患者提供健康服务时必须与患者、患者家属以及其他参与健康服务的医护人员建立良好的合作关系。在此过程中,护士除了要具有良好的职业道德、高度的责任心、强烈的共情心理和熟练的操作技能等必要的职业素养,还需要加强服饰、仪容、言语、行为等方面的修养。这对于提高护理服务质量、构建和谐护患关系、培养良好护士形象有着重要意义。

知识窗

南丁格尔誓言

尽心尽力照顾每一位患者，

尊重并维护他们的生命与尊严；

无论疾病或健康，

我都将全心全意地服务；

不考虑个人的利益，

只关注患者的需求和健康；

以此纯洁的心灵和神圣的责任，

致力于护理工作，直到永远。

（1）学习护理礼仪，能使患者提升就医体验。通过专业与贴心的服务赢得患者信任。护理礼仪的核心是尊重、关心和理解患者。通过护理礼仪的学习，护士能够以更加专业和贴心的态度对待患者，从而减轻患者的心理负担，提升患者的整体就医体验。在实际的临床工作中，当护士用温和的语气、礼貌的举止与患者沟通时，患者会感到被重视和尊重。这种尊重又会转化为对医护人员的信任，使患者更愿意配合治疗和护理。同时，护士的关心和体贴也能缓解患者的焦虑和恐惧，使其在治疗过程中保持积极乐观的心态，更有助于疾病的康复。

（2）学习护理礼仪，促进医疗团队合作。构建尊重、理解的团队氛围，共同为患者提供全面的医疗服务。护理礼仪不仅是个人修养和素质的体现，也是团队合作的重要基础。在医疗团队中，护士需要与其他医护人员紧密合作，共同为患者提供全面的医疗服务。护理礼仪要求护士在与其他人员沟通时保持尊重、理解和支持。学习和实践护理礼仪，能使护士更好地融入团队，与团队成员建立良好的合作关系，共同为患者提供优质的医疗服务。

（3）掌握护理礼仪的沟通技巧，能强化护患间的互动与理解，建立和谐的护患关系。护理礼仪是护患沟通的重要桥梁。通过学习和实践护理礼仪，护士能够掌握有效的沟通技巧，更好地与患者建立联系。在护理工作中，护士尤其需要与患者和其家属进行大量的沟通。护理礼仪要求护士在沟通时保持足够的耐心和同理心,真诚倾听,这些沟通技巧能帮助护士更好地理解患者的感受和需求,从而提供更为精准的护理服务。同时,良好的沟通技巧也能减少彼此之间的误解和冲突,建立和谐的护患关系。

（4）遵循护理礼仪规范,培养高效工作习惯,为患者提供及时、优质的护理服务。护理礼仪能够规范护士在工作中的行为举止,提高工作效率和服务质量。在繁忙的医疗环境中,护士需要处理各种紧急情况和复杂任务。护理礼仪要求护士在工作中始终沉着冷静,保持有序和高效。通过护理礼仪的学习和实践,护士能逐渐养成良好的工作习惯,进而提高自己的工作效率,为患者提供更加及时的护理服务。

（5）践行护理礼仪,塑造护士专业、严谨的形象,提升职业竞争力与公众信任。护理礼仪是护士职业形象和职业素养的重要组成部分。随着人们对健康和医疗服务质量的要求越来越高,礼仪已不仅是一种医疗机构文化的体现,还影响着患者和公众对医疗机构的信任度,更是一种综合软实力的体现。一个举止得体、礼貌待人、技术精进的护士会给患者和公众留下深刻的印象,增强他们对医疗机构的信心,也提升了医疗机构的社会形象。同时,专业、严谨、可信赖的形象也有助于护士职业生涯的发展,提升自己的职业竞争力。

二、学习护理礼仪的方法

护理工作可以看成一门艺术,护士整洁的仪表、和蔼的态度、礼貌的语言、规范的举止传达出一种健康的工作之美,同时还能收获患者的信任和同行的尊重。因此,护士应该重视护理礼仪的学习和实践,在工作中不断提升自己的综合素质和护理水平。

（一）注重理论学习

通过阅读相关的书籍、文章以及多样的在线课程,了解护理礼仪的基本概念、原则和规范,理解礼仪在护理工作中的重要性。

（二）注重模拟训练

模拟真实的护理场景,进行角色扮演,练习护理礼仪规范。这可以帮助学习者更好地将理论与实际相结合,并将理论应用于实践,同时还能提升学习者的自信和沟通能力。

（三）注重观察和实践

在实际临床工作中,学习者应有意识地观察经验丰富的护士如何应用护理礼仪,并向他们学习;也可以在实习或工作中灵活应用所学的护理礼仪知识,通过实践来提高自己的技能。

(四)注重反馈和评估

在临床护理工作中及时寻求他人的反馈,以便了解自己的优点和不足。学习者也可以进行自我评估,看看自己在哪些方面做得好,哪些方面仍需要改进。

(五)持续学习

护理礼仪是一个不断发展的领域,随着时代的发展和医疗服务水平的提升,新的规范和技术可能会不断出现,因此需要学习者保持持续学习的态度,不断更新自己的知识,精进自己的技能。

(六)参加培训

参加专业的护理礼仪培训课程或工作坊,可以获得更多的知识和技能,同时也可以结识其他同行,分享经验和技巧。

综上所述,学习护理礼仪需要将理论和实践相结合,通过不断的练习和改进,提高自身的综合水平。同时,保持开放和持续学习的态度也是必不可少的。

练　一　练

第一章参考答案

一、单选题

1. 下面哪项是中国传统礼仪中的精华(　　)。

　　A. 尊老爱幼,讲究信义,以诚待人,先人后己,礼尚往来

　　B. 留辫子

　　C. 三从四德

　　D. 祭天,祭祖

2. 凡事过犹不及,因此在临床工作中要遵守护理礼仪的(　　)。

　　A. 遵守原则　　　　B. 自律原则　　　　C. 从俗原则

　　D. 适度原则　　　　E. 宽容原则

3. 在公共场所时应(　　)。

　　A. 爱护公物,不随意破坏　　　　B. 讲脏话

　　C. 打电话,高谈阔论　　　　D. 吸烟

E. 吐痰

4. 所谓的"入乡随俗"讲的是礼仪具有（　　）。

    A. 国际性   B. 民族性   C. 传统性

    D. 平等性   E. 强制性

5. （　　）属于职业礼仪的范畴，是护理人员在为护理对象提供护理服务时，为了塑造个人乃至群体的良好形象所应严格遵循的一系列行为规范和准则。

    A. 个人礼仪   B. 护理礼仪   C. 涉外护理礼仪

    D. 家庭礼仪   E. 社交礼仪

二、思考题

认真阅读课前情境导入案例，在这个情境中，你认为护理礼仪在建立良好的护患关系方面起到了怎样的作用？请结合实际情况谈谈你的看法。

第二章 护士社交礼仪

 学习目标

1. 掌握交往礼仪的原则及注意事项。

2. 熟悉通信礼仪、涉外礼仪。

3. 了解拜访与接待礼仪、馈赠礼仪。

4. 掌握涉外护理礼仪规范。

5. 能正确运用基本社交礼仪，与人日常交往时做到彬彬有礼、举止得体，与患者建立良好的护患关系。

 学习内容

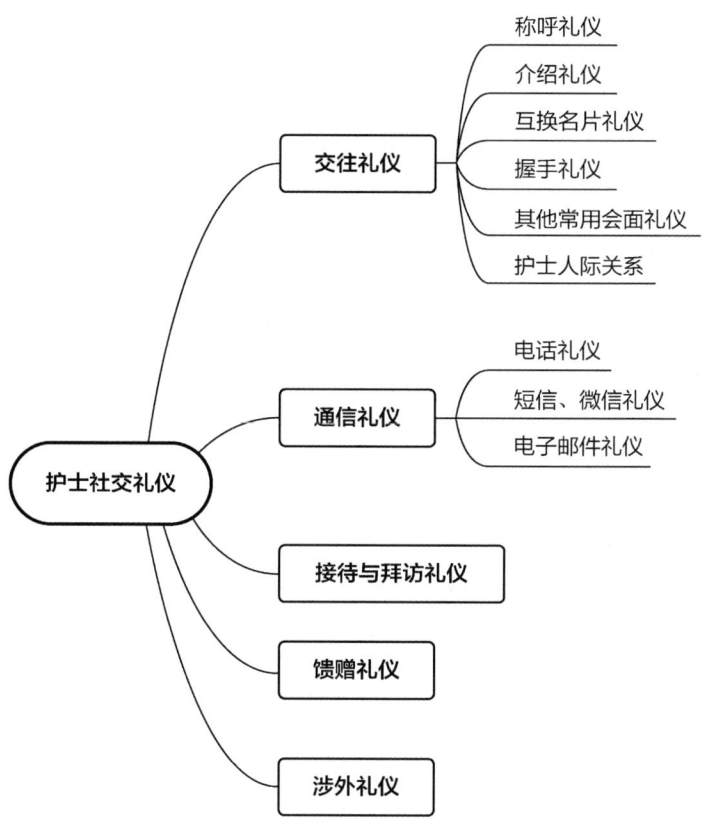

情境导入

　　某职业技术学院的学生小李,大三面临实习,她选择回自己家乡的医院实习。为了获得实习机会,她需要前往家乡某医院与护理部孙主任沟通落实实习事宜。

请思考:

小李应该如何向孙主任进行自我介绍?

　　护理工作中,护士会与各种各样的人交往,掌握日常社交礼仪有助于护理工作的开展。本章主要介绍交往礼仪、通信礼仪、拜访与接待礼仪、馈赠礼仪、涉外礼仪。

第一节　交　往　礼　仪

　　在交际场合中,为了表示对对方的尊重、敬意,往往需要在恰当的时候向交往对象行礼。交往礼仪包括称呼礼仪、介绍礼仪、互换名片礼仪、握手礼仪、其他常用会面礼仪等。

一、称呼礼仪

　　称呼指的是人们在日常交往应酬时所采用的互相之间的称谓语。选择正确的、适当的称呼,既反映了自身的教养,又体现了对他人的尊敬,甚至还体现着双方关系密切的程度和社会风尚。护士掌握称呼礼仪,有助于在护理工作中建立良好的人际关系。

(一)称呼的原则

　　首先,称呼要合乎常规,要符合民族、文化、传统和风俗习惯。比如中国人不能直接称呼父母的姓名,而在欧美国家,则可以直呼父母的名字。其次,称呼要讲究场合,不同的场合应使用不同的称呼,按照不同的场合,可将称呼划分为日常生活中的称呼和正规场合中的称呼。比如,"兄弟""哥们儿"等称呼虽然听起来亲切,但不适宜在正式场合使用。最后,称呼要就高不就低,当某人同时具有好几种身份时称呼其最高者,如王老师硕士毕业,是大学讲师,最近任职学院院长,对其最合适的称呼应该是王院长。

(二)选择正确的称呼

1. 职务性称呼

这种称呼以交往对象的职务相称,一般在较为正式的官方活动、学术活动、政府活动中使用,以示身份有别、敬意有加,这是一种最常见的称呼。

2. 职称性称呼

对于具有职称者,尤其是具有高级、中级职称者,在工作中可以直接以其职称相称。

3. 职业性称呼

在工作中,有时可按职业进行称呼。对于从事某些特定职业的人,可直接称呼对方的职业,也可以在职业或者行业前加姓氏、姓名。

4. 学衔性称呼

以学衔作为称呼,可增加被称呼人的权威性,可以增强学术气氛。

5. 性别性称呼

对于从事商界、服务性行业的人,一般约定俗成地按性别的不同分别称呼"小姐""女士""夫人""太太"或"先生"。

6. 姓名性称呼

在生活和工作中均可使用。在工作岗位上称呼姓名,一般限于同事、熟人之间。它包括三种情况:可以直呼其名;只呼其姓,要在姓前加上"老""大""小"等前缀;只称其名,不呼其姓,通常限于同性之间,尤其是上司称呼下级、长辈称呼晚辈,在亲友、同学、邻里之间,也可使用这种称呼。

除了以上符合规定的称呼,在生活中,与陌生人初次交往,还可以按照其身份特点进行称呼,比如称工人为"师傅"。另外也可用类似血缘关系的称呼,如"爷爷""奶奶""阿姨""叔叔",可使人感到信任和亲切。关于常见的称呼可参见表 2-1。

(三)称呼注意事项

在称呼时用他人的绰号、使用地域性的不当称呼、用带有侮辱性质的称呼、用可能引起误会的称呼或简化性称呼都是不妥当的。在公众场合为表现亲密而使用低级庸俗的称呼,随便使用别人的小名,这是既失礼,又失自己身份的举动。

表 2-1 常见的称呼

分　类	要　　求	举　　例
职务性称呼	职务	"处长""主任"
	姓氏＋职务	"王院长""张主任"
	姓名＋职务,仅适用于正式场合	"陈勇主任"
职称性称呼	职称	"教授"
	姓氏＋职称	"李教授"
	姓名＋职称	"李辉教授"
职业性称呼	行业	"医生"
	姓氏＋职业	"王医生"
	姓名＋职业	"王涛医生"
学衔性称呼	学衔	"博士"
	姓氏＋学衔	"张博士"
	姓名＋学衔	"张亮博士"
	学科＋学衔＋姓名	"护理学博士张亮"
性别性称呼	对女性,无论婚否,均可称为"女士",在"女士"前冠以姓氏或姓名	"夏女士""蒋倩女士"
	对于未婚女性,可称"小姐"并冠以姓名	"孙小姐""孙怡小姐"
	对于已婚女性,可以称"夫人"并冠以丈夫的姓氏	"王夫人"
	对于成年男性,称呼其"先生",也可冠以姓氏、姓名或职称、衔称等	"刘先生""刘云先生""董事长先生"
姓名性称呼	直呼姓名:适用于年龄、职务相仿、关系较好的同事之间等	"李平"
	只呼其名,不称其姓:通常用在上级称呼下级、长辈称呼晚辈,亲友、邻里、同学之间	"嘉馨"
	只呼其姓,不称其名,"老""大""小"＋姓氏	"老张""小李"

> **知识窗**
>
> ## 姓 氏 读 音
>
> 很多字作为姓氏时有不同的读音：如"仇"读作"qiú"，"查"读作"zhā"，"解"读作"xiè"，"盖"读作"gě"。

二、介绍礼仪

在人际交往中，特别是初次交往中，介绍是一种最基本、最常规的沟通方式，也是陌生双方相互沟通的出发点。介绍最突出的作用是可以缩短人与人之间的距离，帮助我们结交新朋友，扩大交际圈。从社交礼仪来看，介绍可分为自我介绍、介绍他人两大基本类型。

（一）自我介绍

自我介绍时，可以先向对方点头致意，得到对方的回应后，再说明自己的姓名和身份，可以同时递上名片。递上名片有利于对方在事后加深对你的印象。另外，自我介绍时语言要简洁流畅，内容要真实准确，注意把握分寸，既不过分自谦，也不炫耀自夸。时间以 1 分钟内为宜。介绍者要充满自信，面带微笑，举止庄重大方，表情坦然亲切，目光投向对方或众人。

1. 自我介绍的时机

自我介绍的时机包括：本人希望结识他人时，他人希望结识本人时，本人认为有必要使他人了解或认识本人时。如果有介绍人在场，自我介绍则被视为不礼貌。

2. 自我介绍的顺序

自我介绍的正确顺序是地位低的人先进行介绍；长辈和晚辈在一起，晚辈先做介绍；主人应该首先向客人做介绍；男士和女士在一起，男士先做介绍。

3. 自我介绍的内容

（1）寒暄式（应酬式）。适用于一般性的社交场合。自我介绍只是向对方提供自己的姓名，因此，只介绍自己的姓名即可，如"您好，我叫夏远"。

（2）公务式（商务式）。适用于工作场合。介绍的目的是进一步和对方交往。自我介绍的内容包括：姓名、单位、部门、职务等，如"您好，我叫夏远，是省人民医院呼吸内科护士长"。

（3）社交式。适用于非公务活动、私人聚会交往中。自我介绍的内容更具体、详细，主要包括：姓名、职业、籍贯、爱好、跟交往对象双方所共同认识的人等，应注意寻求彼此的共同点。如"我叫夏远，是省人民医院呼吸内科护士长，我与您夫人是校友"。

知识窗

心理学家提出自我介绍的六条准则

1. 必须镇定而充满自信。人们对具有自信心的人会另眼相看，对方会因此产生结识你的兴趣。

2. 在交际场合中，如果你想认识某一个人，最好预先查找一些有关对方的资料，如个人兴趣、性格、特长等，有了这些资料，在自我介绍时，便容易沟通，使关系进一步融洽。

3. 自我介绍时要表示自己渴望结识对方的意愿，如果你的态度热诚，对方也会报以热诚。

4. 在做自我介绍时，应该用眼神去表达自己的友善、关怀及渴望沟通的意愿。

5. 在获知对方姓名后，不妨口头重复一次对方的姓名，使对方有被重视的感觉。

6. 要清晰地报出自己的姓名和身份，一个含糊不清的自我介绍会使人感到不悦，对方会对你有所保留，阻碍彼此间的进一步沟通。

（二）介绍他人

介绍他人（即替别人做介绍），是指经第三者为互不相识的双方引见、介绍。介绍他人时，应注意称呼，同时多提供一些相关的个人资料，方便大家的交流。作为介绍人，正确的做法是站在被介绍人之间，保持身体直立，手心向上，五指并拢，胳膊向外微伸，斜向被介绍者，向谁介绍，眼睛就注视着谁。见图2-1。

1. 介绍他人的时机

遇到下列情况，有必要为他人做介绍。

（1）本人的接待对象遇见了其不相识者，而对方又跟自己打了招呼。

（2）在家中或办公地点接待彼此不相识的客人或来访者。

（3）与家人外出，路遇家人不相识的同事或朋友。

（4）打算推介某人加入某一交际圈。

（5）受到为他人做介绍的邀请。

（6）陪同他人前去拜访自己的亲友等他人不相识者。

2．介绍他人的顺序

介绍顺序一般遵循"尊者优先知情"原则，也就是遵循尊者优先了解对方情况的原则，即在介绍时要先把地位低者介绍给地位高者；先把年轻者介绍给年长者；先把男士

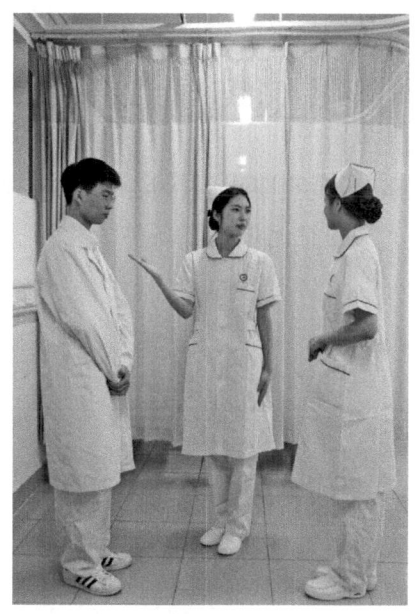

图 2 - 1 介绍他人礼仪

介绍给女士；先把职务低者介绍给职务高者；先把客人介绍给主人；先把迟到者介绍给早到者；同性之间，先把未婚者介绍给已婚者。

3．介绍他人的内容

（1）标准式：适用于正式场合，介绍内容为双方的单位、姓名、职务、部门。如："请让我给你们介绍一下，这位是市立医院的护理部王主任，这位是××医学院的李院长。"

（2）简介式：适用于一般性社交场合，只介绍双方的姓名即可。如："我来介绍一下，这位是李磊，这位是王恒，你们认识一下吧。"

（3）推荐式：适用于比较正式的场合，要对推荐者的优点进行重点介绍。如："王护士长，您好！这位是我的研究生同学陈春晓，她在老年护理领域有深入地研究，在核心期刊上发表过多篇论文，请王护士长能给她一些机会。""陈春晓，这位是我跟你说过的王护士长。"

（4）强调式：适用于各种社交场合，重点介绍被介绍者与介绍者间的特殊关系。如："李护士长，您好！这位是我的学生王浩，他正在你们医院实习，请对他严格要求。"

4．注意事项

在社交场合，我们以被介绍者的身份出现时如何应对才得体呢？当介绍到自己时，应该主动起立，目视对方，微笑致意。无论男女，除非你身份高很多

或是年长很多,否则都需要起立。如果自己是身份高者、年长者,应立即与对方握手;初次见面,可以用"很高兴认识您"这样的语句开始,复述对方的姓名也是得体的。但是初次见面应避免交浅言深。交谈后说声"再见""×女士/先生,您刚才的想法我很有兴趣,希望下次有机会能深入交流"之类的话,这样为下次的见面创造了条件。在社交场合,要牢记对方的姓名,如果没有听清楚,可以说:"对不起,我刚才没有听清,请问您的名字是?"这样做不会失礼,对方也不会不高兴,这正是你认真对待的表现。

三、互换名片礼仪

随着社会的发展,名片成为人们互相认识、交往的一个重要媒介和工具,因此应重视互换名片礼仪(图 2-2)。

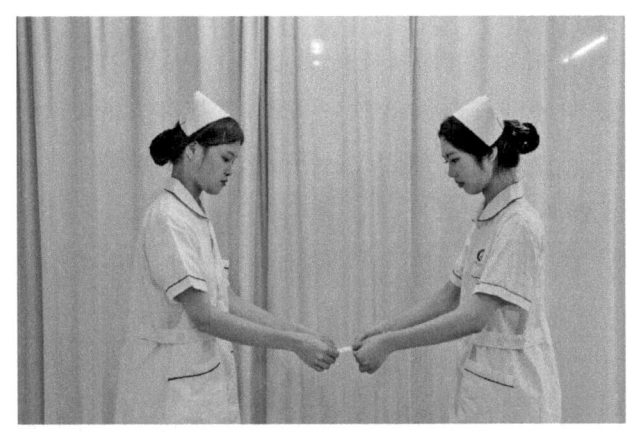

图 2-2　互换名片礼仪

（一）递名片

递名片时,应面带微笑,稍欠身,注视对方,双手递上。手指不要盖住名片上有字的地方,可以用大拇指和食指捏住名片上方两角,将名片正对着对方以方便对方查看。递送时说"我是××,很高兴认识您""我是××,请多指教""这是我的名片,请多多关照"。递名片也要注意顺序,一般地位低的人先向地位高的人递名片,男性先向女性递名片。当对方不止一人时,应先将名片递给职务较高或年长者;或由近至远依次递送,切勿跳跃式地进行,以免让对方有厚此薄彼之感。

（二）接名片

接受名片要起立,目视对方,面带微笑,用双手接过名片。接过名片后要认真浏览名片上的信息,态度毕恭毕敬并表示谢意;同时,也要及时回赠对方自己的名片,如果自己没带名片或者或没有名片,应向对方说明并致歉。

关于名片的放置,一般来说,应把名片放在容易取出的地方,最好放在专用的名片夹里,上衣口袋里或者随身携带的手提包内,不要把名片放在皮夹、裤子后袋里,这是一种很失礼的行为。另外,自己的名片和别人的名片最好不要放在一起,以免把别人的名片当作自己的送出去。

阅读角

握手的艺术

外交握手既是一种礼节也是一门艺术,有着深刻的政治含义。1972年2月21日,美国总统尼克松对华进行了"破冰之旅",标志这一转折的第一个行动就是中美两国领导人的历史性握手。尼克松总统和周恩来总理在首都机场同时伸出有力和坚定的右手,热烈有劲地紧握在一起。周总理说:"您的手伸过世界上最辽阔的海洋来与我握手。"尼克松说:"一个时代过去了,另一个新的时代开始了。"

四、握手礼仪

握手是人们在见面、离别、祝贺或致谢时相互表示情谊、致意的一种礼节。虽然握手可能只有短短的几秒钟,却有不少讲究。

(一)握手的姿势

身体以标准站姿站立,身体可略微前倾,一般应是面带微笑,目视对方,在迎向对方约一步(75 厘米左右)时伸出右手,右手臂前伸,肘部屈,手掌垂直于地面,手心高度大致与双方腰部上方齐平,拇指张开,四指并拢,微微抖动 3 至 4 次,然后松开手,恢复原状。如图 2-3 所示。

握手

(二)握手的力度

握手的力度要适宜,不可过轻也

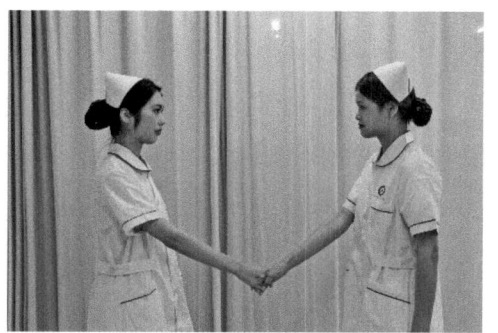
图 2-3　握手的姿态

不必太重。握手时间一般在 3 至 5 秒间,如是熟人,时间可稍微长些。男士和女士握手时,一般轻握女士手指部位即可。如图 2-4 所示。

(三) 伸手的次序

伸手的次序要按照"尊者先伸手"的原则。身份、地位不同者之间,身份和地位高者先伸手;上下级之间,上级先伸手;异性之间,女性先伸手,男性伸手去握手是失礼的;年龄不同者之间,年长者先伸手;已婚者与未婚者之间,已婚者先伸手;主人与客人之间,主人先伸手,客人告辞时由客人先伸手与主人相握表示再见。

 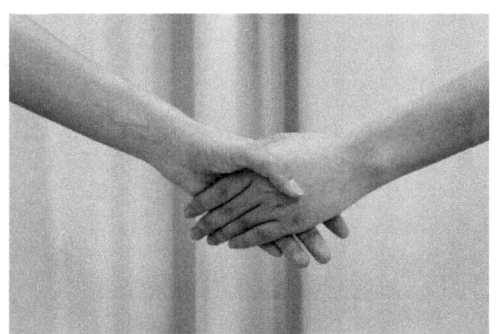

图 2-4 捏手指式握手   图 2-5 错误的握手(左手握手)

(四) 握手的禁忌

要避免很多人互相交叉握手;不要用左手握手(图 2-5);握手时要注意力集中,不要一边握手,一边跟其他人打招呼;戴着墨镜、手套握手,或在手不干净、冬天手冰冷时去握别人的手;双手相握则是面对至交或亲朋好友之间时用,不适合用于初次见面及异性之间;见面与告辞时,不要跨门槛握手;握手时避免将另外一只手插在衣服口袋里。

五、其他常用会面礼仪

(一) 鞠躬礼

鞠躬礼是表示对他人敬重、答谢或致歉的一种常用礼仪。鞠躬的方式为:鞠躬行礼者距离受礼者 2 米左右,在标准站姿的基础上,先目视对方。女士的双手应下垂搭放在腹前,男士的双手自然下垂,贴放于身体两侧。以腰为轴心,上身挺直,随轴心运动方向前倾 15 度至 90 度,同时可以说"请您多多指教""谢谢大家""真是对不起,给您添麻烦了"等,随即恢复原态。鞠躬弯腰幅度越大敬意越大。见图 2-6。

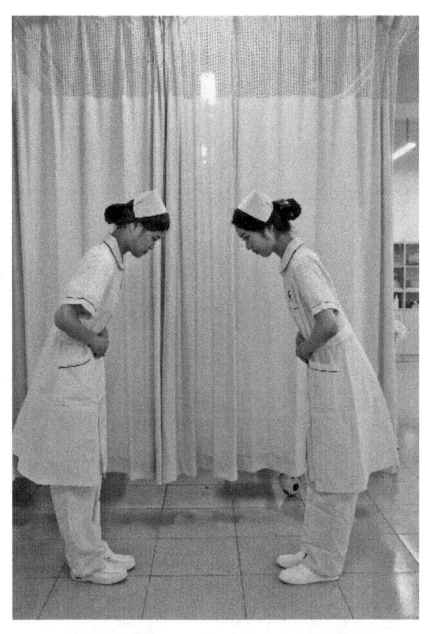

图 2 - 6　鞠躬礼

（二）致意礼

（1）点头礼。点头礼适用于路遇交往不深的人，或在会场、剧院等不宜与人交谈之处，或遇上多人无法一一问候之时。行礼的方法是：在标准站姿的基础上，面带微笑，面向受礼者，将头部向下轻轻一点，同时可说"您好"，注意不宜反复点头，点头的幅度不必过大。见图 2 - 7。

图 2 - 7　点头礼

（2）挥手礼。行挥手礼的场合与行点头礼的场合大致相似。其做法是：右臂向前方伸直，掌心向着对方，其他四指并拢，拇指分开，指尖向上，轻轻地向左右摆一摆手;挥手示意一般不发出声音,不要将手上下摆动,也不要在手挥动时用手背朝向对方。见图2-8。

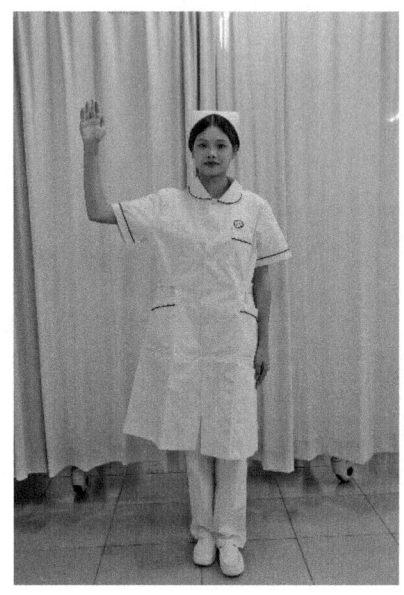

图2-8　挥手礼

（3）脱帽礼。人们在参加重要集会,如升国旗、奏国歌,都应主动地摘下自己的帽子;或者在进入他人居所、与他人握手或行其他见面礼时,也应该摘下帽子。

（4）微笑致意。这是一种应用最为广泛的致意方式。对于护士来讲,护士真诚的微笑能使患者变得轻松、愉悦,在一定程度上减轻患者的烦恼和忧虑,同时也能使患者更加信任护士。

> **知识窗**
>
> **位次排位原则**
>
> 在日常性的交际活动中,遇到位次的问题,有一些约定俗成的原则。
>
> （1）面门为上:在一个房间里,面对房间正门的位置是上座。
>
> （2）居中为上:如果需要分中央、两侧的话,中间的位置尊于两侧。
>
> （3）前排为上:位次中如果分前后,那么前者为上。
>
> （4）以右为上:位次中如果分左右的话,国际惯例是以右为尊。
>
> （5）以远为上:如果离门有远近的话,那么离门位置越远的位次地位越高。

六、护士人际关系

阅读角

孔子的待人之道

《论语·述而》记载："子以四教：文，行，忠，信。"孔子曾反复提到忠信二字，他认为一个人如果能发自内心地待人，做到真诚待人，无论走到哪里都能得到他人的支持和拥护。数千年前的孔子已经告诉我们，建立良好的人际关系需要我们有正直的品格、包容的个性、真诚的态度、良好的认知，要以德聚人、以宽容人、以诚待人、以情感人、以理服人。

情境导入

小刘和小杨是新入院的两名护士，他们在同一个科室工作。小刘每天精神饱满地面对患者及其家属，尊重患者想法，将医生和患者的需求有效地相互传达，繁忙但充实，经常获得患者的赞美和表扬；小杨性格内向，和患者沟通较少，还经常被患者质疑，这让本就不善言辞的小杨更加烦恼。

请思考：

1. 同样的工作，为什么两个人的感受会有如此大的不同？

2. 小刘和小杨的经历对你有什么启示吗？

（一）护士人际关系的概念

当我们谈论人际关系时，我们指的是人与人之间因相互作用而形成的直接心理关系。护士人际关系是指护士在工作过程中形成的多种网络人际关系的总和。现代护理服务以护理对象的健康为中心。在护理过程中，护士是唯一能为服务对象提供全程、整体、昼夜服务的人员。他们需要随时为服务对象的安全及健康承担各种责任，并需要与医疗机构中的各种人员配合协调，建立良好的人际关系，以达到为服务对象提供高质量健康服务的目的。

（二）影响人际关系的因素

1. 第一印象

人们往往会根据第一印象迅速评价对方的性格、能力、诚信等特征。这种快速评价有助于我们在短时间内做出决策，如是否愿意与对方进一步交往。第一印象会影响他人对我们的信任程度和亲近感。一个积极的第一印象可以建立信任，增加亲和力，促进良好人际关系的建立。虽然第一印象不一定代表全部，但它往往能在人们心中留下深刻印象，对后续交往产生长期影响。因此，建立积极的第一印象对于维系良好的人际关系至关重要。

2. 性格因素

性格会影响一个人的沟通方式和交流能力。开放、友善、包容的性格更容易建立良好的沟通，赢得他人的喜欢和信任。而内向、冷漠的性格可能导致交流障碍，难以建立亲近感，也会导致合作困难。性格也会影响一个人处理冲突和挑战的方式：成熟、冷静、善于沟通的性格更容易有效解决冲突，而易怒、固执的性格可能会导致矛盾升级。另外一个人的性格会影响周围人的情绪和行为：正能量的性格会带来积极的影响，激励他人成长；负面的性格可能会带来消极情绪，影响整个人际关系网络。

3. 文化背景因素

文化背景因素对人际关系有深远影响。不同文化背景塑造了个体的价值观、行为模式和沟通方式，影响着人们对他人的理解和互动方式。在跨文化人际关系中，理解和尊重对方的文化背景可以减少误解和冲突，增进合作和共赢。

4. 认知水平因素

个体的认知水平包括对自我、他人、情绪和情感的认知能力。高水平的认知能力使个体更能理解他人的情感和想法，更好地控制自己的情绪和表达方式，从而促进有效的沟通和交流。此外，认知水平也影响个体的解决问题能力、决策能力和社交技巧，对人际关系的发展和维护至关重要。因此，提升认知水平，包括提高情商和沟通技巧，可以帮助个体建立更加健康、积极和稳固的人际关系。

5. 品质作风因素

个体的品质作风包括诚实守信、正直宽容、友善待人等方面。这些品质作风不仅展现了一个人的道德品质和价值观,更能够建立信任、尊重和共享的基础。此外,品质作风还能够提升个体的社会声誉和影响力,使其在人际交往中更具吸引力和影响力。因此,培养良好的品质作风是建立健康、积极和谐人际关系的重要基础。

(三) 维持良好人际关系的意义

人际关系可以包括各种不同类型的关系,如家庭关系、友谊关系、爱情关系、职业关系等,护士人际关系便是一种职业关系。在当前的医疗环境中,护士是与患者、家属和同事接触最密切的医疗专业人员之一。护士人际关系的质量直接影响着对患者的照顾质量、治疗效果和医疗团队的合作效率。良好的护士人际关系可以建立信任、增加患者满意度、改善患者的体验和治疗结果,促进患者合作和治疗依从性,同时也可以提高患者满意度和团队合作的效果。因此,护士应该重视和发展良好的人际关系,不断提升护理实践的质量和效果。

(四) 护士工作中人际关系的主要类型

1. 护士与患者的人际关系

护士与患者的人际关系简称护患关系。护患关系指护理人员与服务对象在特定的环境及时间段内互动所形成的一种特殊的人际关系。它是构成护理人际关系的基础,是一种服务与被服务的关系。

(1) 护患关系的基本模式。

① "主动-被动"型:在这种模式下,护士扮演主动的角色,决定并执行护理措施,而患者则被动接受。这种模式适用于患者无法自理或需要全面照顾的情况,但可能会导致患者感到失去自由和尊严。

② "指导-合作"型:在这种模式下,护士向患者提供指导和建议,患者则积极参与并合作,适合于重病初愈、外科手术恢复期的患者等。这种模式强调护患双方的平等和尊重,有利于建立互信和积极的合作氛围。

③ "共同参与"型:这是一种更加平等和合作的模式,护士和患者共同制订护理计划并参与决策过程,主要适用于慢性病患者。患者在护理过程中扮演更加积极的角色,增强了患者的自主性和责任感,有利于提高治疗效果和患者满意度。

在实际护理工作中,选择合适的护患关系模式取决于患者的状况和需求,护士应根据具体情况灵活运用不同的模式,以提供最有效的护理服务。

（2）护患关系的处理策略。

① 尊重患者并与其建立信任。

介绍自己：在首次与患者或其他护理环境的相关人员接触时，护士应该主动介绍自己，礼貌地提供个人的姓名和职称。通过这个简短而关键的步骤，护士不仅能够建立起与患者间的亲近感，同时也能在关系中营造透明度。这个简单的自我介绍不仅是一种专业礼仪，更是确保患者了解护士身份，从而加强相互之间的信任和理解的基础。

培养倾听技巧：倾听技巧是十分重要的，护士应当在与患者互动时积极采用主动倾听的方法。主动倾听不仅要听到患者说的话，更要理解并回应其真实的关切和需求。通过专注地倾听患者的言语，护士能够实现与患者的有效沟通，进而表达对患者的真挚关切。这种倾听技巧不仅能使患者感到被尊重和重视，还有助于使护士更全面地了解患者的状况，为制订个性化的护理计划提供基础。

遵循诊疗计划：在执行医疗工作时，护士应当遵循并贯彻医疗团队制订的诊疗计划。这包括积极地将患者纳入医疗决策的过程，确保他们能够全面理解并同意医疗计划的各个方面。护士为患者提供参与医疗决策的机会，这不仅尊重了患者的权利，也使患者能够在治疗过程中扮演更为积极的角色。此举不仅能增强患者对治疗方案的信任感，还有助于使患者更好地理解他们所面临的医疗选择。通过这种方式，护士不仅能促进护患之间的协同合作，也能提高患者对医疗团队的满意度。

② 对患者具有同理心。

情感支持：在与患者互动时，护士应强调情感支持的重要性，通过表达对患者情绪的深刻理解和共鸣，从而建立一种充满同理心的关系。这种情感支持不仅仅是简单的关注，更是通过言辞和行为向患者传递温暖、理解和关心，让患者感到护士是一个可以信任、倾诉的伙伴。因此，情感支持是提高患者护理体验和加强患者与护士关系的重要元素。

沟通技巧：护士应该运用温和而有支持性的语言，以确保与患者的交流是有效而积极的。这包括避免使用可能引起患者紧张或不安的措辞，以维护一个安稳和亲切的沟通氛围。在沟通技巧的运用中，护士可以通过细致入微的姿态和表情，传递出积极的态度和专业的形象。这种有效的沟通方式有助于建立良好的护患关系，提高患者的满意度。

尊重文化差异：在护理实践中，护士应当充分考虑患者可能具有多样的文化背景，对这些文化差异给予尊重，并努力理解其独特性。护士可以通过学习患者的文化传统、价值观和信仰体系，更好地理解他们的期望和需求。这包括了解患者对医疗决策、家庭参与和痛苦处理的特殊文化观点。这种尊重文化差异的态度有助于建立一种开放和包容的医疗环境，使患者感到在治疗过程中受到了全面关怀。

③ 处理患者情绪和需求。

情绪管理：情绪管理在护理工作中是一项至关重要的技能。在患者面临压力、焦虑或悲伤时，护士的支持可以包括积极的倾听、提供安慰的言辞，或者与患者共同探讨应对策略。护士可以通过观察患者的非言语表达，如面部表情、姿势和眼神，以及倾听患者的言辞，识别出患者可能正在经历的情绪。这有助于护士更全面地理解患者的感受，建立起信任的关系。

主动关心：护士应该主动了解患者的需求，以确保他们在身体和心理上都能得到全面而贴心的照顾。在主动关心的过程中，护士可以通过与患者建立深层次的交流，了解患者的病史、生活方式，以及个人喜好。这种个性化的信息有助于护士更全面地了解患者的状况，提供更符合其需求的护理服务。

解释治疗过程：首先，护士应用通俗易懂的语言向患者解释治疗的目的、步骤和可能的效果。这种清晰的信息传递有助于患者对治疗过程有一个全面的了解，从而减轻对未知的担忧和焦虑。此外，护士还可以使用辅助性工具，如图表、模型或教育手册，以更形象化和生动的方式呈现治疗过程。这种积极的沟通方式旨在降低患者对治疗过程可能带来的不安感，促使患者更积极地参与治疗，提高整体的护理效果。

④ 尊重患者的个人权利和隐私。

知情同意：知情同意不仅是法律和伦理要求，也是维护患者尊严和自主权的重要体现。护士需要向患者解释治疗的目的、过程和可能的风险与效果。这包括使用非专业术语，以确保患者能够理解并透彻地了解他们可能经历的情况。通过遵循知情同意原则，护士不仅能保障患者的权益，也能为建立健康、信任的护患关系奠定坚实的基础。

维护隐私：护士需要建立起一个安全、私密的护理环境，确保患者在接受护理时感到放心和受到尊重。这包括在医疗记录、电子信息系统和口头沟通中采取措施，以保护患者的个人隐私。在记录患者信息时，护士应遵循相关的隐私法规和医疗伦理准则,确保信息的安全性和机密性。在与患者互动时,护士应当避免在不必要的情况下透露患者的个人信息,特别是在公共场合或与无关人员的交流中。

2. 护士与家属的人际关系

(1) 护士与患者家属关系的基本模式。

护士与患者家属的关系基本模式与护患关系相似,同样包括"主动-被动"型、"指导-合作"型、"共同参与"型。临床中的很多决策需要同家属沟通,共同决策,护士与患者家属之间的关系模式可能会根据具体情况和需求而有所不同。护士应根据患者家属的特点和情况选择合适的合作模式,以提供最佳的护理服务和支持。

(2) 护士与患者家属关系的处理策略。

① 建立合作和支持的关系。

主动沟通:在提升护理质量的过程中,主动沟通是一个至关重要的因素。护士应以亲切主动的态度,利用会话、电话或电子邮件等与患者的家属建立有效的沟通渠道,以确保护理计划的透明性,使家属全面了解患者的治疗状况。这种主动的沟通策略有助于建立一个开放、透明的信息共享环境,使得家属能够及时了解患者的治疗及护理进展,也有助于减轻家属对治疗过程可能带来的不确定性的担忧。

共同决策:护士应当主动邀请家属参与医疗决策的讨论,倡导开放的沟通渠道。通过与家属共同探讨患者的病情、治疗选项,以及可能的结果,护士可以获取更多的信息,同时也使家属对治疗决策有更深入的了解。护士可以向家属解释不同治疗方案的利弊,以及每一项决策对患者的影响。这种信息共享有助于家属更全面地了解治疗的整体脉络,从而使他们能够更为自信和明智地参与护理决策。

② 提供家属教育和支持。

清晰传达信息:护士应采用简明易懂的语言,向家属传递关于患者的状况、治疗计划和预期结果等重要信息。同时,护士可以运用视觉辅助工具,如图表或模型,以直观形象地呈现治疗过程,提升信息的可视化程度。

提供宣教材料:为了提升患者家属的护理参与度,护士可通过提供专业的宣教材料,帮助家属更全面地理解和支持患者的康复过程。宣教材料包括疾病相关知识、药物管理、饮食建议、康复方法等方面的实用信息,以使家属更好地为患者提供日常支持。

3. 护士与医生的人际关系

医护关系是指医生与护士之间在医疗护理实践中因分工合作而形成的一种人际关系。建立良好的医护关系既是医护人员医德修养和医德实践的具体体现,也是完成医疗过程,促进患者康复的重要保证。

(1)医护关系的基本模式。

① "主导-从属"关系:受生物医学模式影响,医护关系主要是以医生为主、护士为辅,医护之间形成了"主导-从属"模式的医护关系。

② "独立-协作"关系:随着护理专业的不断发展,护理已经成为一门独立的学科,护士与医生共同发挥着重要作用。在这种模式下,医生和护士之间建立起平等和协作的关系,彼此尊重、信任并合作。医生和护士在医疗决策和护理实施上具有一定的独立性,可以共同讨论和制订治疗方案。这种模式有利于提高医护之间的沟通和团队合作,促进医疗质量的提升。

(2)处理护士与医生人际关系的策略。

① 团队合作和合作技巧。

建立开放的沟通:通过促进团队成员之间开放和透明的沟通,以确保信息交流顺畅。在这样的沟通氛围中,护士和医生可以自由地分享想法、意见和问题,从而推动问题的解决。同时,开放的沟通也有助于建立信任和减少冲突,使护士和医生更加紧密地协作。

分工明确:清晰的分工可以确保护士和医生专注于自己的领域,充分发挥自己的专长,从而实现任务的高质量完成。此外,合理分配任务和明确职责还有助于减少沟通成本和冲突,使团队协作更加协调,共同促进患者康复。

② 有效的跨学科合作。

共享信息:信息共享需要积极促进与其他专业人士的紧密合作,以确保对患者护理的全面关照。通过主动分享关键信息,护士能够在多学科协作中建立更强有力的团队合作,确保患者得到更为个性化和综合化的护理计划。

参与跨学科培训:参与跨学科培训活动可以帮助护士更好地理解其他专业的角色和职责。在参与跨学科培训的过程中,护士可以与其他专业的人员进行互动和交流,了解他们在工作中所面临的挑战和需求。这有助于打破学科之间的壁垒,促进跨学科合作和创新。跨学科培训还可以培养护士的综合能力和团队合作精神。

③ 解决冲突策略。

提升自身沟通技巧：积极、尊重的语言在沟通中起着重要的作用。尊重的语言是指我们要尊重他人的观点和意见，倾听他人的想法，并给予他们应有的尊重和认可。这种语言能够建立起团队成员之间的互信和合作关系，减少误解和冲突的发生，也体现了对他人的价值和尊严的尊重，使团队成员感到被重视和受到关注。

第三方介入：当医护团队内部的冲突难以解决时，通过寻求中立的第三方介入，团队可以更加客观地看待冲突的本质和原因，避免情绪化的争吵和对立。第三方介入者的专业帮助和指导可以帮助团队成员建立信任和合作，找到长期有效的解决方案，从而推动医护团队重构内部协调机制。

第二节　通　信　礼　仪

现代通信工具日趋多样，电话、电子邮件、微信等现代社交活动的重要通信工具使人们的联系交流变得更加快捷。因此，学习通信礼仪是十分必要的。

一、电话礼仪

（一）接电话的礼仪

接电话的礼仪标准，具体见表 2-2。

表 2-2　接电话的礼仪标准

项　目	操　作　标　准
准备工作	电话机旁准备纸、笔，便于随时记录
接听姿势	左手持听筒、右手拿笔，便于记录； 面带微笑，保持规范的仪态，嘴巴离话筒距离适当，声音自然、流畅、亲切
接听时间	电话铃响三遍之内接听，如铃响三遍后才接起，则应致歉"对不起，让您久等了"
接听语言	电话接通主动问好并自我介绍，切勿只说"喂"； 可说如"您好，呼吸内科张琳，有什么可以帮您"
接听关键	确定对方身份和来电目的和具体事项
接听细节	复述来电要点，做必要记录

续 表

项 目	操 作 标 准
通话结束	致谢,让尊者先挂电话; 应有告别语,并致谢,如"感谢您的来电,祝您生活愉快"

听到电话铃响后,应停止一切不必要的动作,整理思绪,以最佳状态接听电话;如对方打错了电话,也应礼貌应对。

(二)打电话的礼仪

打电话的礼仪标准,具体见表2-3。

表2-3 打电话的礼仪标准

项 目	操 作 标 准
准备工作	提前列出电话内容的要点; 确认电话号码是否正确
拨打姿势	左手持听筒、右手拿笔,便于记录; 面带微笑,保持规范的仪态,嘴巴离话筒距离适当,声音自然、流畅、亲切
拨打时间	选择不打扰对方休息的时间; 若对方未接电话,电话铃响六七遍之后再挂断电话
拨打语言	电话接通,及时问好,确认对方身份并自我介绍; 如"您好,是王先生吗?我是市立医院呼吸内科护士夏雨,给您做个出院后电话随访"
通话时间	时间不宜过长,一般为3~5分钟
通话结束	应有告别语,并致谢,如"打扰您了,祝您早日康复,再见"

如拨错电话,应及时致歉,不可无礼挂断电话。

知识窗

打电话前准备通话内容的要点

"好记性不如烂笔头",要养成记录的习惯。电话记录要遵循"5W1H"原则:何时(when),何人来电(who),事件地点(where),何事(what),原因(why),如何做(how)。"5W1H"也是打电话前准备通话内容要遵循的原则。电话记录会让你的工作生活更加有条理。

课堂讨论

到音乐厅、影剧院观看演出时，应如何不失礼地接打电话？

二、短信、微信礼仪

（一）发送短信、微信礼仪

发送短信、微信时要注意时间，避免影响他人休息。如要给身份高或重要的人打电话，把握不准拨打对方电话的时机，可以先发条短信或微信与其联系，预约通话时间。另外，如事先已经与对方约好参加某个会议或活动，最好事先用短信或微信提醒一下。

短信、微信的内容要简单明了，语意清楚，无错别字；短信、微信拜年，要记得署名。还需要注意是在内容选择和编辑上，应该文明和高雅，不要编辑或转发不健康、未经核实的信息、图片、视频、音频等。

（二）接收短信、微信礼仪

接收信息一定要及时回复，就祝福短信来说，一来一往足矣，接到对方回复后，一般不要再发致谢之类的信息，否则对方又得回过来。在特定的场合要将手机调至静音状态。

三、电子邮件礼仪

电子邮件具有方便快捷、节省时间、安全保密、费用低廉和篇幅不受限等优势，已成为目前普遍使用的一种职业信件交流方式。

（一）电子邮件的主题

主题要提纲挈领，有利于收件人通过主题了解邮件大致内容，权衡邮件的重要性。主题的书写要简短，最好写上"来自某单位（或某人）的邮件"，以便于对方留存。同时，主题不可出现错别字或语句不通顺之处。

（二）称呼与问候

邮件开头第一行顶格写收件人姓名，一来显得礼貌，二来提醒收件人做出必要的回应，如"张主任""李先生"等，如对方有职务则要按照职务尊称对方。电子邮件正文开头空两格，要有问候语，如"您好"。电子邮件正文结尾同样要有问候词。常见的有"有事随时联系""祝您一切顺利"等。对于尊长可使用"恭祝安康""恭祝顺遂"等。

（三）正文

电子邮件正文内容要简明扼要，注意字斟句酌，避免出现错别字，最好一次交代清楚完整信息，以免给人造成一种做事欠干练的不良印象。如果事情复杂，用序号逐一标列出来，每个段落简短不冗长；合理应用粗体字体、颜色字体、加大字号等提示重要信息，但不滥用；注意邮件文字表述的语气，应尊重对方。

（四）附件和结尾签名

如有附件，数目不宜超过4个，数目较多时打包成压缩包。附件名称应该用能概括附件内容的文字。在正文中对附件内容应做简要说明，并提示收件人查看。邮件结尾应签名，内容可包括姓名、职务、单位、电话、地址等，但信息一般不超过4行。

（五）及时回复邮件

每天要检查新邮件并尽快回复，一般不超过24小时，对于紧急重要的邮件，最好在2小时内回复。如果事情复杂，无法及时确切回复，至少应该及时地回复"收到了，我们正在处理，一旦有结果就会及时回复"。回复最好不少于10个字，否则显得非常不礼貌。

第三节　接待与拜访礼仪

接待和拜访是人与人、与社会组织之间联络感情、促进学习、增进友谊的有效形式。接待和拜访都应遵循一定的礼仪规范。

一、接待礼仪

（一）客人来前

有客来访前，应该事先做好室内外卫生和室内的布置，整理房间。根据客人的喜好准备糖果、水果、点心、饮料等。如留客吃饭，还需要预备丰盛可口的饭菜，如有小客人来，应预备一些玩具和图画书。根据需要事先准备好给客人的礼品。主人应仪表得体，不可穿着睡衣待客。

（二）客人到访

客人来访时，主人应面带微笑，热情相迎，可帮其挂好衣帽、雨具或示意放置位置,但不要去接客人的手提包。如来访者从外地过来应按事先约定的时间专程前往车站、码头或者机场迎候。接客人进屋,应该主人在前,客人在后,进屋后,先请客人落座,送上茶水及水果点心,倒茶不要太满。若客人是长辈、领导或师长,敬茶时应从客人的右边双手敬上。交谈过程中,主人要注意倾听,不随便打断对方的讲话,态度诚恳热情,不要频繁看表,不要显示不耐烦。如果客人不期而至,也应立即起身迎接,不能将客人拒之门外。如同一时间接待多方来的访者,待客应一视同仁。

(三) 送客

当客人告辞的时候,主人应婉言相留。客人起身告辞并伸出手时,主人才能起身相握。送客应客人走在前面。送同辈、晚辈或常客可送至电梯口或楼道口;送老年人、上级、女士或初次拜访者,则应送至楼下或庭院外。如送对路不熟、走路不方便的客人,应送到车站或码头,直至客人上车、上船并等车船开动后,主人才可回家。送客到机场时,要等客人过安全检查后再回家。

二、拜访礼仪

拜访是人际交往活动中常见的活动,分为事务性拜访、礼节性拜访和私人拜访三种,不管哪种拜访,都应遵循一定的礼仪规范。

(一) 拜访时间事先预约

拜访务必事先预约,尽量避免做不速之客,这是拜访活动的首要原则。预约时要选择双方都认为合适的时间和地点,语气和口气都要真诚友好。如果遇到急事没有预约但必须前往,尽量避免在深夜打扰,如非得在休息时间打扰对方,应致歉并说明原因。预约好拜访时间后,宾主都要守时,客人不能迟到或早到,准时到达才最得体。如果想带其他人一同前去拜访,应事先说明,征得主人同意。因特殊情况客人不能按时赴约或主人临时有事不能接待,都要通知对方并说明原因。

(二) 拜访时衣冠整洁

拜访时,无论宾主,都应仪表端庄,一般的拜访,服装整洁大方即可,如果是去庆贺喜事,服装就要讲究些。入室之前要在门垫上擦净鞋底或更换成室内鞋,不要把脏的东西带进主人家里。夏天进屋后再热也不应脱掉衬衫、长裤,冬天进屋再冷也应摘下帽子,有时还应脱下大衣和围巾。在主人家中要讲卫生,糖纸、果皮、果核应放在茶几上或果皮盒内。身体有病,尤其是传染病,不应走亲访友。

(三) 拜访进门时的礼仪

拜访进门时要先敲门或按门铃,等到主人招呼后方可入内。无论事情多急,拜访的时间多紧张,在门口也只能寒暄问候,不要谈正题。进入屋内后,要向主人的家人,以及其他先来的客人打招呼,不打招呼是失礼的,要等主人让座后才可以落座。如果需要穿拖鞋可在门口换好。如果携带了一些小礼品,要在进门的时候就向主人奉上。

(四) 拜访进程中的礼仪

要对主人的热情款待表示感谢。主人敬茶、敬糖果等时,应起身或欠身双手接过,表示感谢并大方品尝;如果不喜欢,不要露出厌恶的表情,可以有礼貌地婉拒。拜访过程中,要注意交谈的礼仪和技巧,不要讨论主人讨厌的事,或者随意评论主人家的陈设。在主人家不要东张西望,如想参观卧室或者书房,应征得主人同意并在其引导下进行,未经主人邀请或许可,不能进入。关系再好,也不可随便翻弄主人的书信和工艺品等。

(五) 告辞时机的选择

拜访时不要在主人家无谓地消磨时光。一般性的拜访,停留时间不要过长,一般以半小时到一小时为宜。事务、公务性拜访,则可根据需要决定时间的长短。交谈中主人显得疲劳,或意欲他为,或是还有其他客人要来,便应适时告辞。告辞时,如果主人家有长辈,应先向长辈告辞,并感谢主人的热情接待;同时,可邀请主人去自己家做客。出门后应请主人"留步"。从单位或主人家出来后,切勿窃窃私语,以免被误解。

总之,拜访的礼节主要为:事先预约,不做不速之客;如期而至,不做失约之客;衣冠整洁,不做邋遢之客;彬彬有礼,不做冒失之客;举止端庄,谈吐文雅,不做粗俗之客;适时告辞,不做难辞之客。

知识窗

学会拒绝的艺术

学会拒绝并不困难,下面这些语言是常用的:

(1) 谢绝法:对不起,谢谢! 这样做可能不合适。

(2) 婉拒法:哦,是这样,可是我还没有想好,考虑一下再说吧。

（3）不卑不亢法：哦，我明白了，可是你最好找对这件事更感兴趣的人吧，好吗？

（4）幽默法：啊！对不起，今天我还有事，只好当逃兵了。

（5）无言法：运用摆手、摇头、皱眉、转身等肢体语言和否定的表情来表示自己拒绝的态度。

（6）缓冲法：哦，我再和朋友商量一下，你也再想想，过几天再决定好吗？

（7）回避法：今天咱们先不谈这个，还是说说你关心的另一件事吧……

（8）严词拒绝法：这可不行，我已经想好了，你不用再费口舌了！

（9）补偿法：真对不起，这件事我实在爱莫能助了，不过，我可帮你做另一件事！

（10）借力法：你问问他，他可以作证，我从来干不了这种事！

（11）自护法：你为我想想，我怎么能去做没把握的事？你让我出洋相啊。

第四节　馈　赠　礼　仪

阅读角

礼　尚　往　来

中国人素来重交情，注重礼尚往来。《礼记》说："礼尚往来。往而不来，非礼也；来而不往，亦非礼也。"馈赠礼仪在人际交往中起着重要的作用。

馈赠是通过赠送礼物来表达友谊、纪念、祝贺、感谢、慰问等情感与意愿的一种人际交往行为。懂得馈赠礼仪能更好地为人与人之间的感情和友谊注入新的活力。

一、馈赠的"六 W 规则"

赠礼给"谁"（who）。在选择礼品时，应准确把握送礼人与受礼人之间的关系，明确礼品的对象性。礼品的选择，要针对不同的受礼对象区别对待。为不同地区、不同年龄、不同性别、不同职业、不同兴趣爱好、不同受教育程度及文化背景和不同民族的人选择礼品，肯定是有所区别的。一般说来，对同辈人，以纪念性为佳；对老人，以实用性为佳；对孩子，以启智新颖为佳。

赠"什么"（what）礼。要根据不同的受礼对象，因人而异地选择礼品；同时，要考虑到赠送者和受礼者的经济能力，双方交往的关系，赠送礼品的场合等因素。礼物是言情、寄意、表礼的，要轻重得当。慰问患者一般送水果、营养品或书刊；朋友生日送卡片、蛋糕；旅游归来送人文景观纪念品、当地特产；走亲访友送精致水果、糖酒食品等。

赠礼的"目的"（why）。送礼之人都希望自己所送礼品能寄托和表达对受礼者的敬意和祝颂，并使交往锦上添花，所以必须明确馈赠的目的，才能有的放矢地选择恰当的、受欢迎的礼品。在不同的场合、不同的需求下，为了达到不同的目的，馈赠的礼品肯定是不同的。

"何时"（when）赠礼。中国人很讲究送礼的时效性。一般会选择如传统节日、喜庆嫁娶、生病住院、拜访做客、吊唁慰问或酬谢他人等时机送礼。作为客人，一般在相见之初即送上礼品；作为主人，可以在送别时给客人送上精心准备的礼物。但是，在患者刚做完手术尚未痊愈时，最好不要上门探望送礼，以免让患者疲于应对而不能静心休养。

在"什么地点"（where）赠礼。赠礼场合的选择，要注意公私有别。一般来说，因公赠送的礼品应该在公务场合赠送，而工作之外或私人交往，应在私人居所赠送。通常情况下，当众只给一群人中的某一个人赠礼是不恰当的。给关系密切的人送礼也不宜在公开场合进行，只有那些能表达特殊情感的特殊礼品，方可在公众面前赠予。因为此时公众已成为真挚情谊的见证人。

"如何"（how）赠礼。赠送时：一是要是仪态大方地赠送，送礼者起身站立，面带微笑，目视对方，双手递交；二是简明地说明送礼意图，如"非常感谢您上次的帮助"；三是介绍礼品，送礼者对礼品寓意、使用方法、礼品特色等适当解释；四是要注重礼品的包装，不仅要注意包装的材料、文字、色彩的选择和使用，还要注意符合政策法规、习俗惯例及宗教信仰。

二、送花礼仪

鲜花因品种、类型、颜色和数量的不同,具有不同的寓意。不同的国家由于习俗不同,某些花的含义也不尽相同。如荷花在中国有"花中君子"之称,但在日本被认为是不祥之物,仅用于祭奠;菊花是日本皇室的专用花卉,而在比利时、意大利和法国却与死亡相关,只能在墓地或灵前使用。郁金香在土耳其被看作是爱情的象征,但在德国却认为是没有感情的花。康乃馨在法国表示不幸。在与外国友人交往时,按惯例不能将菊花、杜鹃花、山竹花等送给客人。当用花来传递情感时,要正确运用"花语",以免出现尴尬。

 课堂讨论

查阅资料并讨论红玫瑰、百合花、毋忘我、菊花、康乃馨、兰花、梅花等的花语并分析适合的馈赠场合。

三、馈赠的禁忌

馈赠禁忌有四类:个人禁忌、民俗禁忌、宗教禁忌和伦理禁忌。一是个人禁忌,如送烟给不吸烟的长者,送伞给新婚夫妇。二是民族禁忌,如中国人忌送钟,因为意味着不吉利。三是宗教禁忌,如对穆斯林不能送酒。四是伦理禁忌,如各国均规定不能将现金和有价证券送给无私交的公务人员。

四、接受馈赠的礼仪

首先,欣然接受。一般情况下,只要不是违法、违规的礼品,受赠者应该中止正在做的事,面带微笑,大方从容地站起来,双手接过礼物。推来推去,欲拒还迎、盯住礼物不放或是过分的谦辞客套是没有必要的,适当地表示谦让即可。

其次,接过礼物之后,应当表示感谢。一般应赞美礼品的精致或实用,夸奖赠礼者的用心和周到,并伴有感谢之辞。切不可对礼品吹毛求疵、说三道四。在许多西方国家,人们习惯当面打开包装将礼物取出,同时欣赏并表示喜爱。

最后,注意礼尚往来。在交往中对方有礼品赠送,那么主人也应该在合适的时机回赠礼物。双方礼物的价值最好差不多。如果一时手边没有合适的礼物回赠,可以在事后有机会再补赠礼物。

知识窗

送 礼 小 贴 士

1. 要精心包装礼物。礼物的内容固然重要,漂亮的包装更添彩。

2. 送个性化的礼物。自制的礼物更能体现送礼者的用心。

3. 送领带象征爱情,所以女同学不能随便送领带给男同学。

4. 无论你的礼物值多少钱,都要撕掉标价牌。送一份明码标价的礼物是不礼貌的。但是把保修卡悄悄放在礼物的里层这是贴心的举动。

第五节　涉 外 礼 仪

情境导入

医院涉外病区新入院一位伊朗籍患者,值班护士小芳把这位伊朗籍患者安排到 212 房间,当这位伊朗籍患者走进病房并向同室病友问候后,马上眉头紧锁,一脸不悦。看到伊朗籍患者的表情,护士小方马上意识到自己犯了一个错误,她立即道歉并为伊朗籍患者重新安排了病房。

请思考:

请思考护士小芳可能犯了什么错误,并一一列举出来。

近年来,我国的护理工作日益与国际接轨,来我国工作、生活的外国友人也越来越多,因此,这要求护士掌握对外交往活动中的礼仪规范、涉外礼仪知识和国际惯例。

一、涉外护理礼仪概述

涉外礼仪是指人们涉外交往过程中用以维护自身或国家形象,向交往对象表示尊敬与友好的约定俗成的行为准则或规范。涉外礼仪的基本内容往往是国际交往惯例,在涉外交往中起着媒介、黏合和催化作用。

二、涉外护理的基本原则

(一)维护国家利益

在对外交往中,要时刻牢记国家和民族的利益高于一切,忠于祖国和人民,义不容辞地维护国家的主权和民族的尊严。严守国家秘密,避免泄露党和国家机密。护士在护理过程中要注意自己言谈举止,应当做到端正大方、不卑不亢。这既代表了个人形象,也代表了医院、民族和国家的形象。

(二)求同存异

各国的文化传统、生活习俗、宗教信仰上存在很大的不同。求同存异就是要求人们在涉外交往中要承认个性,坚持共性。在涉外护理中,护士既要坚持国际礼仪惯例,也要兼顾患者所在国家的礼仪及习俗禁忌。只有在涉外护理中,了解患者的相关风俗习惯并加以尊重,才能避免产生误会。

(三)守时守约

在人际交往中,信守时间,遵守约定是取信于人的基本条件。与他人确定约定的时间后,要按时赴约、如期而至。如因特殊情况失约,应提前诚恳地说明,并向对方道歉。另外,早到或是晚到都是不正确的做法,准时赴约是国际交往的基本准则。守约的原则,是必须严格认真遵守约定并及时履行自己的承诺。

(四)女士优先

女士优先是国际社会公认的一条重要的礼仪原则。在涉外社交场合中,男士有义务照顾、礼让女士,遵循"尊重妇女、女士优先"的原则,因此护士在陪同患者或家属时,应该让女士先行。

(五)尊重隐私

个人隐私泛指一个人不想告知于人或不愿对外公开的个人情况。在国际交往中,人们普遍注意尊重个人隐私。因此,护士在护理外国友人时千万不要打探其个人隐私,要充分尊重对方的隐私。

> ### 知识窗
>
> ### 个人隐私"八不问"
>
> 在与外国人交往过程中,注意避免询问个人隐私,主要包括八个方面:不问个人收入多少、不问年龄大小、不问恋爱婚姻、不问身体情况、不问家庭住址、不问个人经历、不问信仰政见、不问所忙何事。

 课堂讨论

你知道哪些戴戒指的礼仪,国际上比较流行的戴法是怎样的?

 护 理 实 训

实训一

一、实训目标

通过反复训练,能规范、正确地掌握称谓、介绍礼仪的相关知识和技能。

二、训练内容与方法

班级学生分成若干个小组,每6人一组,其中1人扮演护士,5人扮演患者。护士对分管的5位患者先使用正确的称谓,再做自我介绍,并做出相应的动作表情。教师对学生进行指导、点评。

5位患者分别是:

1床:李某某,男,45岁,副处长。

2床:何某某,女,38岁,大学教师。

3床:钱某某,女,21岁,大学生。

4床:张某某,男,67岁,离休干部。

5床:毛某某,女,45岁,校长。

三、训练评价

教师对每组学生的模拟训练进行点评并打出相应成绩(分别为优秀、良好、合格、不合格)。最后分析总结,对于表现好的学生提出表扬。

说明:评分总分为100分,称谓和自我介绍各占50分。优秀(90～100分);良好(80～89分);合格(60～79分);不合格(60分以下)。

实训二

接到急诊室电话通知有位急性胰腺炎的患者急诊入院，护士做好了一切准备工作迎接患者入院。患者被抬进病房，面色苍白，大汗淋漓，非常痛苦，急需手术。此时，护士面带笑容地对患者家属说："请不要着急，我马上通知医生为患者检查。"说完不慌不忙地走了出去。

护士在接诊过程中有何不妥之处？护士采取这样的接诊方式会造成什么后果？假如你是值班护士，面对这个案例你将如何处理？

一、实训目标

通过实训理解建立良好护患关系的意义；理解人际关系影响因素以及护患关系的处理策略。

二、训练内容与方法

班级学生分成若干个小组，每3人一组，其中1人扮演护士，1人扮演患者，1人扮演家属。按知识要点与实训目标进行实训。教师对每组学生进行指导、点评。

三、训练评价

学生之间进行组间评价，每组派代表谈体会，教师对总体情况进行点评。对于表现好的组加课堂平时分。

第二章参考
答案

练 一 练

一、单选题

1. 打电话时谁先挂？规范的做法是（   ）。

    A. 对方先挂　　　　　　　　　B. 自己先挂

    C. 地位高者先挂电话　　　　　D. 以上都不对

2. 出入无人控制的电梯时，陪同人员应该（   ）。

    A. 先进后出　　　　　　　　　B. 控制好开关钮

    C. A、B都包括　　　　　　　　D. A、B都不对

3. 在办公室礼仪中打招呼显得尤为重要和突出，职员在对上司的称呼上，应该注意（   ）。

A. 称其头衔以示尊重,即使上司表示可以用姓名相称呼,也只能局限于公司内部

B. 如果上司表示可以用姓名相称呼,就可以这样做以显得亲切

C. 随便怎么称呼都可以

D. 以上都不对

4. 在拜访别人办公室的时候,应( )。

A. 敲门示意,征得允许后再进入

B. 推门而入,再做自我介绍

C. 直接闯入,不拘小节

D. 以上都不对

5. 如何恰当地介绍别人是常用的日常礼仪技巧,能够正确地掌握先后次序是十分重要的。通常在介绍中,下面不符合正确礼仪规范的是( )。

A. 首先将职位低的人介绍给职位高的人

B. 首先将女性介绍给男性

C. 首先将年轻者介绍给年长者

D. 以上都不对

6. 合理的称呼非常重要,下列称呼方式不正确的是( )。

A. 应使用合理的称谓

B. 当不知道对方姓名时,不能乱说,可用职业称呼

C. 很熟的朋友在商务场合可称小名或是昵称以示亲切

D. 以上都不对

7. 无论在何种礼仪中"女士优先"是一个普遍的原则,尊重女性在日常礼仪中也不例外,下列不正确的是( )。

A. 当一位男士与一位女士见面时,男士应先伸手示意握手以示尊敬

B. 在用餐时,应先为女士服务,再为男士服务

C. 走路时,男士应走在外侧以示保护

D. 以上都不对

8. 在电话通话过程中,以下说法正确的是( )。

A. 为了不影响他人,不使用免提方式拨号或打电话

B. 为了维护自己形象,不边吃东西边打电话

C. 为了尊重对方,不边看资料边打电话

　　D. 以上说法都正确

二、多选题

1. 握手的禁忌有（　　　）。

　　A. 初次见面用双手握手

　　B. 坐着握手、与异性和初识者握手时间过长

　　C. 握手时东张西望、左顾右盼

　　D. 另一只手插在衣袋里

2. 公务式自我介绍的内容包括（　　　）。

　　A. 单位　　　　　B. 部门　　　　　C. 职务　　　　　D. 姓名

三、判断题

1. 一位外国女士，看到中国古代的落地钟非常漂亮，认为她的中国客户一定会喜欢，就买了一台送给她的客户。（　　　）

2. 职场交谈不涉及私人问题。（　　　）

3. 拒绝邀请只说声"对不起"而不交代理由是不礼貌的。（　　　）

四、解答题

1. 乘坐箱式电梯有哪些礼仪？

2. 握手的伸手顺序遵守什么原则？

3. 介绍双方有哪些礼仪要求？

4. 涉外交往如何选择礼品？

 学习目标

　　1. 掌握护理工作中仪容礼仪的规范要求；熟悉头面部修饰的基本步骤和方法；熟悉目光和笑容在护理中的应用。

　　2. 能把握礼仪原则，在职业实践过程中恰当运用护士礼仪，具备良好的职业仪容、仪态，提升人际交往能力。

　　3. 在护理工作中自觉遵守护士仪容礼仪。

　　4. 掌握护士仪态的基本要求和护士工作中姿态的基本要求。

　　5. 掌握正确的站姿、坐姿、行姿；了解常见的手势语。

　　6. 了解护理中各种姿势的标准做法。

　　7. 熟悉不同场合的着装要求及配饰的使用；掌握护士着装的基本原则及具体要求。

 学习内容

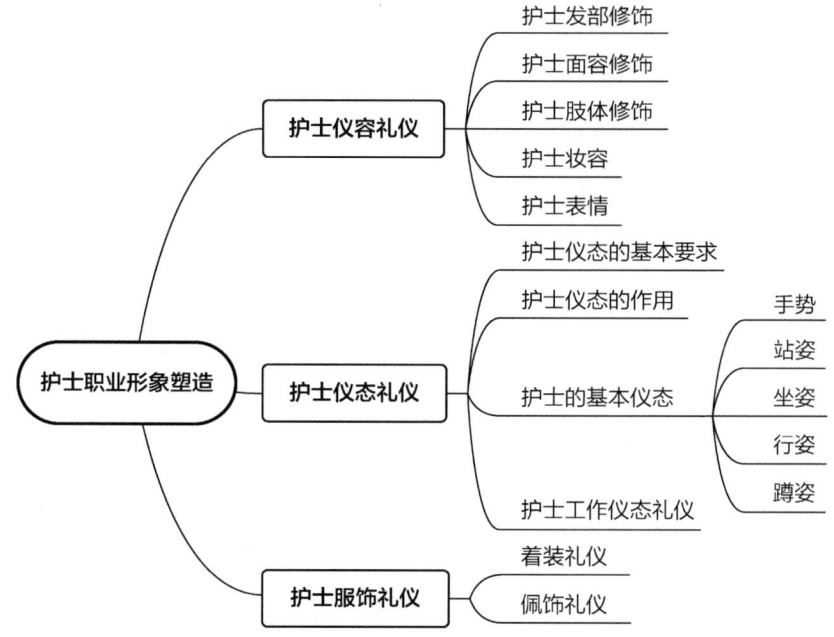

情境导入

　　章某应聘一家医院。在面试环节,章某一进门,就散发出浓郁的香水味,黄色头发披肩,黑色的烟熏妆,大红的嘴唇,彩色的指甲,俨然一位摩登女郎。她虽然回答问题时对答如流,但是最终未被录取,章某很不理解,不知道问题出在哪里。

　　请思考:
　　(1) 章某的问题出在哪里?
　　(2) 护士化妆应该注意哪些礼仪规范?

第一节　护士仪容礼仪

　　仪容,通常指人的外观或容貌,由发式、面容,以及所有未被服饰遮掩、暴露在外的肌肤构成,是精神文化和内在修养的一种体现,也是一种无声的语言。古人云,慧于中而秀于外,说的就是一个涵养好、文化高的人要注重自身仪容的修饰。随着系统化整体护理在临床中的应用,护士的仪容礼仪会引起患者的关注,影响着患者对护士和医院的整体评价。因此,护士良好的仪容礼仪是不可缺少的,也对进一步提高护理工作质量有重要意义。

　　仪容礼仪包括三个方面:一是仪容的自然美;二是仪容的修饰美;三是仪容的内在美。这三者中,仪容的自然美能给人带来良好的第一印象,仪容的修饰美是仪容礼仪的重点,仪容的内在美是我们应追求的最高境界。实际上,真正的仪容美是三者的紧密结合,缺一不可。

 课堂讨论

护士如何做好发部、面容、肢体、妆容礼仪?

一、护士发部修饰

　　从古至今,人们都非常重视头发的梳理,整洁、大方、美观的头发既能体现出朝气蓬勃的精神面貌,也能反映一个人的审美水平、道德修养和文化层次。

护理工作者的发型,不论男女,都应干净整洁、长短适度,发型得体、美化自然。

女性最标准的发型是前不遮眉,后不过肩,两侧不遮耳。若是短发,头发自然后梳,两侧头发置于耳后,碎发可以用发卡固定;若是中长发,刘海向一侧梳起,不挡住眉毛、眼睛,后面头发不遮住衣领,可用发网固定;若是长发,盘起低发髻或高发髻,用发网固定。女性不宜理寸头。

男性最标准的发型是前发不附额,侧发不遮耳,后发不及领。一般要求留短发,平头、分头都可,但不宜剃光头,也不宜留长发或扎成小辫。

不论男女,都不能留怪异新奇的发型,不可过分追求时尚,不可染色彩艳丽的头发。

二、护士面容修饰

古人云"人身之有面,犹室之有门,人未入室,先见其门",说的就是人的面容。在护理工作中,护士每天都要与患者近距离接触,为了体现出对患者的尊重,更应加强面部的清洁和保养,整洁简约、形象端庄,这也是护士面容修饰的基本要求。

阅读角

容 止 格 言

南开中学各教学楼门口都有一面镜子,上面均写着:面必净,发必理,衣必整,纽必结,头容正,肩容平,胸容宽,背容直。气象:勿傲,勿暴,勿怠。颜色:宜和,宜静,宜庄。这就是著名的"容止格言"。周恩来总理少年时曾在南开中学学习,其一生都在严格履行这"四十字箴言"。

(一) 修饰眼部

注意清洁,及时清除眼部分泌物,预防并及时治疗眼部疾病。如果佩戴眼镜,应选美观、舒适、方便、安全的眼镜,并经常擦拭。墨镜仅适合于室外活动时佩戴。

(二) 修饰鼻部

作为护理工作者,需要定期清理鼻部黑头,避免当众吸鼻子、擤鼻涕、挖鼻孔等。清理鼻涕应用手帕或纸巾,避免发出过大声响。鼻毛若长出鼻孔之外,要及时进行修剪。

(三) 修饰耳部

保持耳部清洁。护士切忌在工作时掏耳朵,以免造成不雅之感。

(四) 口腔卫生

保持口腔清洁,避免口腔异味,上班和重要应酬前避免进食气味过于刺鼻的食物,如葱、蒜、韭菜等。男护士若无特殊宗教信仰和民族习惯,应及时修剃胡须,不要蓄须。保持嘴部的干净整洁。

三、护士肢体修饰

(一) 洗手

在护理工作和生活中,手是接触人和物品最多的部位,为了有效防止交叉感染,要保持手部的清洁。护士在接触患者和做各种护理操作前后,应严格按照七步洗手法清洗双手。日常工作生活中,为了自身的健康,在握手、写字、用餐、如厕等之后,更应该及时洗手。

(二) 指甲

护理人员不允许留长指甲,长指甲不方便护理操作,有划伤患者的隐患,另外,长指甲容易藏污纳垢,不卫生,也不美观。因此,应经常修剪指甲,但不可当众修剪指甲,长度不超过指尖。此外,因为职业的特殊性,不宜在指甲上涂彩色指甲油和粘贴装饰物,以免给患者及家属留下不良印象。

(三) 手臂

勤清洗,避免产生腋下异味。在正式的学术和社交活动中,肩部不应裸露在衣服之外。

(四) 腿部

勤洗脚,保持脚的清洁、卫生,做到每天更换袜子,做到清洁、舒适、美观。工作期间不宜穿拖鞋、凉鞋、镂空鞋。男士着装不可暴露腿部。女士可穿长裤和裙子,裙长应在膝部以下。女士着裙装时,须穿连裤袜或长筒袜,袜筒边缘不可暴露在外。

四、护士妆容

化妆是运用化妆品和工具,采取合乎规则的步骤和技巧,对人的面部、五官及其他部位进行遮盖或修补缺陷,以增强立体印象,调整形色,表现神采,从而使容貌变得更加靓丽,达到美容的目的。在人际交往中,得体的化妆是必要的,不仅可以体现个人的自尊、自信和对别人的尊重,也可以展现良好的职业形象。作为护理工作者,在工作场合提倡淡妆上岗,体现出护理工作者的精神风貌和认真态度。

(一) 化妆原则

美化,注意适度矫正,修饰得法,扬长避短;自然,没有人工美化痕迹,妆面真实、生动;协调,和谐悦目,妆面和服饰、身份及场合协调。

(二) 化妆礼规

不可当众进行化妆;不可使妆面出现残缺;不可借用他人化妆品;不可评论他人化妆;不可使化妆妨碍于人;睡前需要彻底卸妆。

(三) 化妆步骤

洁面;用爽肤水轻按面部和颈部;涂抹润肤乳;涂防晒霜;涂敷粉底;修眉;画眼线;涂眼影;刷睫毛膏;扑打腮红;修饰唇形。

五、护士表情

表情是情绪主观体验的外部表现,可通过眼部肌肉、面部肌肉和口部肌肉的变化来表现各种情绪状态。它是一种无声的体态语言,可以真实、自然、准确地反映人的内心世界。在护理工作中,表情也是护士与患者交流的重要方式之一,护士亲切、热情、乐观、友好的表情会给人带来信赖感和安全感,有助于护患关系的和谐和患者的康复。

(一) 目光表达

目光也称眼神,若把眼睛形容为心灵的窗户,那眼神则是透过窗户传递出的内心世界。一个公正无私的人,目光中流露的公平、公正,能让人们的心情变得阳光、灿烂;一个与人为善的人,目光中流露的肯定、鼓励,像暖流温暖滋润着心灵;一个充满爱心的人,目光中流露的包容、慈祥,感染、洗涤着周围每一个生命。护士应善于通过目光观察,了解患者的情感和需求。

(二) 面容表情

面容表情是指人们面部展现出的综合表情,有两个特征:一是变化迅速,很少固定不变;二是能如实反映个人的心理状态。在护理工作中,笑容尤为重要。

笑容,是人在笑的时候的面部表情,是面部呈现的神情状态,通常露出愉快的表情,发出欢喜的声音。笑容是敞开心扉的通用语言,是对他人尊重和友好的表示,在人际交往中发挥着重要作用。俗话说"笑一笑,十年少",适当的笑容可以使人身心愉悦,促进健康。

1. 笑容的作用

一个人喜欢笑,代表着对生活和工作拥有积极态度。一个喜欢笑的人,通常头脑活跃,容易接受外界信息,有助于提高记忆力;可以拉近新朋友之间的距离,以便更好地接受对方;会给自己带来正能量,使自己在急躁中冷静下来,以便解决工作中的难题;拥有吸引别人的魅力。

在护理工作中,护士的笑容会迅速缩短护患之间的心理距离,使患者感受到护士的关心和尊重,给患者带来希望和温暖,使患者树立战胜疾病的信心和勇气。同时,可以美化护士形象,陶冶护士的内心世界。

> **阅读角**
>
> ### 桑兰的笑容总能给人希望
>
> 桑兰,出生于1981年,浙江宁波人,原国家女子体操队队员,曾在全国性运动会上获得跳马冠军。1998年7月在纽约友好运动会上意外受伤之后,桑兰受到全世界的关注。这确实是个意外,当时桑兰正在进行跳马比赛的赛前热身,在她起跳的那一瞬间,外队一名教练在"马"前探头干扰了她,导致她动作变形,从高空栽到地上,而且是头先着地。
>
> 遭受如此重大的变故后桑兰却表现出难得的坚毅,她的主治医生说:"桑兰表现得非常勇敢,她从未抱怨什么,对她我想表达的词就是'勇气'。"就算是知道自己再也站不起来之后,她也决不后悔练体操,她说:"我对自己有信心,我永远不会放弃希望。"因为她的坚强、乐观,她被称为"伟大的中国人民的光辉形象"。那么多美国普通人去看她,并不只是因为她受伤了,而且是被她的精神所感染了。
>
> 多年来,桑兰用她的行动印证着自己的诺言,在北大学习、加盟星空卫视主持节目、担任申奥大使、参加雅典奥运会北京接力……她充满力量的笑容总能给人希望!

2. 表情流露亲切

表情是人的面部所流露出的情感,人的面部表情十分生动、丰富,可以刺激与之交谈的人产生不同的内心体验。

护理人员是健康的使者,应学会把握表情、理解表情,在不同场合控制调节情感。护理人员在工作岗位应注意观察和应对,提供亲切、友好的微笑服务。面对患者以笑相迎,认真询问,耐心解答,以愉悦的心境感染患者;患者讲话时,护理人员应用点头、微笑表示理解、赞许,给患者鼓励。

第二节　护士仪态礼仪

仪态,又称"体态",指人在行为中的身体姿态和风度。姿态是身体所表现的样子,风度是内在气质的外在表现。护士仪态,即护士在工作中身体所呈现出的各种姿态与风度。人的体态是人内心活动的一面镜子。人们对一个人的评价,往往基于对其一言一行、一举一动的观察和概括。在人际交往中,仪态语言往往比口头语言更能真实地反映一个人的道德品质、性格气质、文化修养和精神状态,所以,应该时刻留意自己的形象,讲究规范的动作与姿势。

一、护士仪态的基本要求

"站如松,坐如钟,行如风"是古人对个人仪态的一种要求。良好的仪态不仅能反映一个人优雅的气质,还能给他人带来美的享受。护士作为"白衣天使",在工作中要注意保持从容、优雅的仪态,给患者以安全感,取得患者的信赖。护士仪态的基本要求就是要体现仪态美,这种美包括以下四个方面。

(一)仪态文明

仪态文明要求护士的仪态要文雅、有礼貌,不能做粗野的动作。如护士站立时应身体保持挺拔,不可倚靠在墙上或桌边,双腿不可随意抖动。

(二)仪态自然

仪态自然要求护士的仪态要大方、实在,不要虚张声势、装腔作势。如护士行走时,双肩应放松,双臂前后自然摆动,身体不要紧张僵硬。

(三)仪态美观

仪态美观要求护士的仪态要优雅、得体,让人赏心悦目。如护士就座或下蹲时,应先抚平裙摆,防止裙摆被坐皱或弄脏。

(四) 仪态敬人

仪态敬人要求护士在举手投足间充分显示出对患者的敬意。如护士与患者交流时,身体应稍向前倾,以示对患者的重视和尊重。

二、护士仪态的作用

在患者眼中,护士是举止文雅、端庄大方、温柔可亲、值得信赖的天使,因此护士在工作中不仅要有精湛技术、敬业精神,还要具有优雅的仪态举止,以展示自己良好的职业素质和职业形象。体态语言已成为护理活动中重要的沟通方式之一,护士学会在护理工作中准确运用体态语言往往会起到事半功倍的效果。

(1) 表露作用:表达口头难以表达的信息,使双方免于尴尬受窘。

(2) 替代作用:代替口语,直接与患者进行交流、沟通。

(3) 辅助作用:辅助口语,使人言行一致,思想得以强化,从而使表达更为深刻。

(4) 适应作用:适应患者的生理、心理需要。

(5) 调节作用:用暗示调节护患双方关系,使患者做出积极反应,以主动配合治疗和护理。

知识窗

鹤 立 鸡 群

晋代戴逵在《竹林七贤论》中写道:"嵇绍入洛,或谓王戎曰:'昨于稠人中始见嵇绍,昂昂然若野鹤之在鸡群。'"南朝宋刘义庆在《世说新语·容止》中写道:"嵇延祖卓卓如野鹤之在鸡群。"三国时期魏国文学家嵇康的儿子嵇绍很有才学,身材魁梧,仪表堂堂。他无论在哪里都显得超群。有人对王戎说嵇绍在人群中就像一只仙鹤站在鸡群里那样突出。司马衷继位后,嵇绍担任侍中,为保护卫惠帝而战死,赢得人们的尊敬。后来,人们用鹤立鸡群比喻一个人的仪表或才能在一群人里显得很突出。

三、护士的基本仪态

（一）手姿

手姿又称手势，是通过手和手指的活动来表达信息的一种特殊姿势。无论在商务交际，还是在日常生活中，手势使用的频率都很高，使用范围也很广泛。手势能辅助表情达意，又可以展示个性风度。手势可以分成四种类型：第一类是形象手势，用以模拟物状的手势；第二类是象征手势，用以表示抽象意义的手势；第三类是情意手势，用以传递情感的手势；第四类是指示手势，用以指示具体对象的手势。

手姿

1. 基本的手姿

（1）垂放。

垂放多用于站立之时，是最基本的手姿。其做法有两种：一是双手自然下垂，掌心向内，叠放或相握于腹前；二是双手伸直下垂，掌心向内，女士拇指自然往里收，男士虎口微张，分别贴放于大腿两侧（如图 3-1、3-2）。

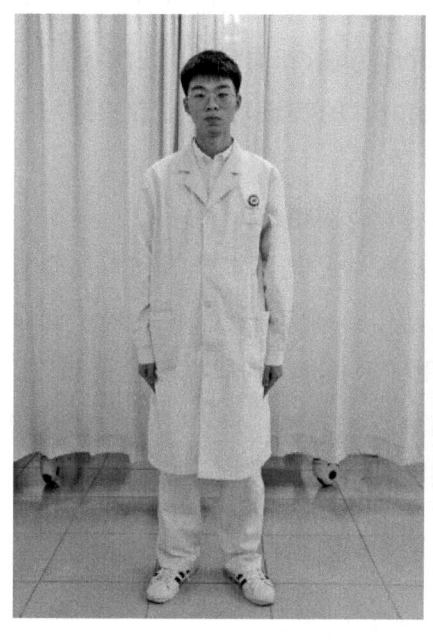
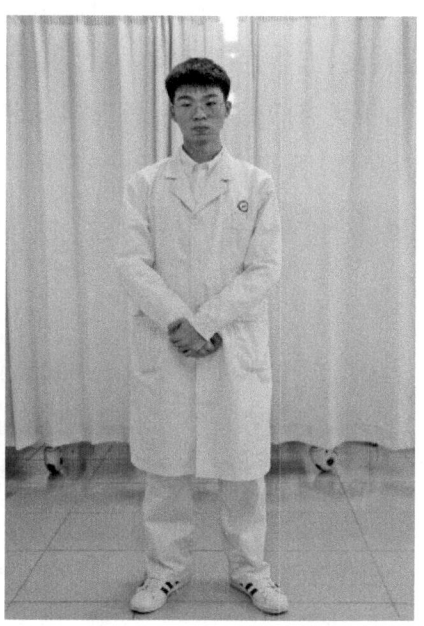

图 3-1 双手垂放在大腿两侧 　　图 3-2 双手叠放或相握于腹前

（2）背手。

背手多见于站立、行走时，多用于男士。背手多用于显示权威或保持镇定时。其做法是双臂伸到身后，双手相握，同时昂首挺胸。

（3）持物。

持物即用手拿东西，其做法多样，既可用一只手，也可用双手。用手拿东西时动作应自然，五指并拢，用力均匀。不应翘起无名指与小指，以免显得成心作态。

（4）鼓掌。

鼓掌是用以表示欢迎、祝贺、支持的一种手姿，多用于会议、演出、比赛或迎候嘉宾时。其做法是以右手掌心向下，有节奏地拍击掌心向上的左手，双手应抬高至腰部以上。必要时，应起身站立。

（5）夸奖。

夸奖这种手姿主要用于表扬他人。其做法是伸出右手，竖起拇指，指尖向上，指腹面向被称道者。但在交谈时，不应将右手拇指竖起来反向指向其他人，因为这意味着自大或藐视；也不宜自指鼻尖，此手势有自高自大、不可一世之意。

（6）指示。

指示是指示方向的手姿，用以引导患者或他人。其做法是右手或左手抬至一定高度，五指并拢，掌心向上，以其肘部为轴，朝向目标伸出手臂。在护理工作中，用优美的引领姿态展现"尊敬"和"请"的敬意，会让患者感到服务的真诚和热情。

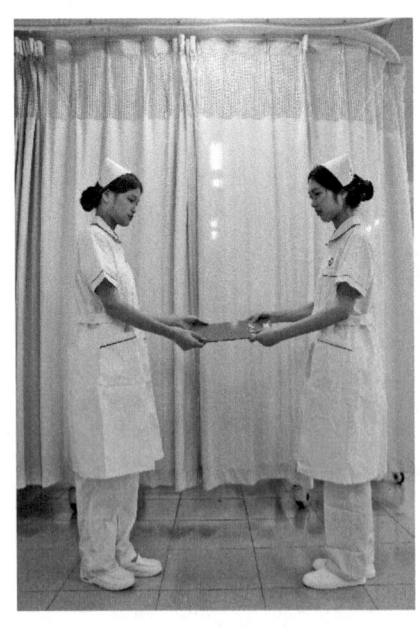

图3-3　递接物品

（7）递接物品。

递接物品是日常生活和工作中常见的举止动作。一般情况下要求单手能拿的物品，用右手接递，但从礼貌角度讲，在长辈面前应双手接递。递笔、刀、剪之类的尖利物品时，须将尖端朝向自己，不能指向对方。递书、文件、资料、名片等，文字方向应正对接收者。接过物品后，应向递物者说"谢谢"（如图3-3）。

2. 手姿的禁忌

（1）易误解的手姿。

易被他人误解的手姿有两种：一是个人习惯的手姿，但这种手姿并不通用；二是因文化背景不同而被赋予了不同的含义的手姿。比如伸起右臂,右手掌心向前,拇指与食指合成圆圈,其余手指伸直,这一手姿在英国、美国表示"OK",在日本表示钱,在拉美国家则表示下流,不了解的人就很容易产生误会。

(2)不卫生的手姿。

在他人面前搔头皮、掏耳朵、抠鼻孔、剔牙齿、抓痒痒等,是不卫生、不礼貌的。

(3)欠稳重的手姿。

在大庭广众之前,双手乱动、乱摸、乱举、乱扶、乱放,或是咬指尖、折衣角、抬胳膊、抱大腿、挠脑袋等,也是应当禁止的。

(4)失敬的手姿。

掌心向下挥动手臂,勾动食指或拇指以外的其他手指招呼别人,用手指指点他人,都是失敬于人的手姿。

 课堂讨论

护士要注意自身仪态,那么护士如何正确地站、坐、行、蹲呢?

(二)站姿

站姿又称立姿或站相,是指人在站立时所呈现出的一种姿态。站姿是静态的造型动作,是其他动态姿势的起点和基础。在护理工作中,站姿是护士的主要姿态。正确的站姿,可以让身体各个关节的受力比较平均。当抬头挺胸时,胸口会变得开阔,呼吸也会顺畅,身体能得到足够的氧气,精神、注意力都会比较容易集中。优美的站姿能显示个人的自信,衬托出美好的气质和风度,并给患者和家属留下良好的印象,为护患关系的建立打下良好的基础。

1. 基本的站姿要求

站姿要能体现出人的稳重、端庄、礼貌、挺拔、教养,显示出一种亭亭玉立的静态美。其要领是:挺、直、高、稳。

(1)头正,双目平视,嘴唇微闭,下颌微收,面部平和自然。

(2)双肩放松,稍向下沉,身体有向上的感觉,呼吸自然。

(3)躯干挺直,收腹,挺胸,立腰。

(4)双臂放松,自然下垂于体侧,手指自然弯曲。

（5）双腿并拢立直，两脚跟靠紧，脚尖分开约60度。男子站立时，双脚可分开，但不能超过肩宽。

2. 男女站姿的区别

由于性别的差异，男女基本站姿的要求不尽相同，对男士的要求是强壮、英武、稳健，对女士的要求则是优美、轻盈、典雅。

（1）男士站姿。

男士在站立时，一般应两腿平行，双脚微分开，与肩同宽（间距最好不超过一脚之宽）。全身正直，头部抬起，双眼平视。双肩稍向后展并放松。双臂自然下垂伸直。双手贴放于大腿两侧，也可双臂自然下垂，将右手握住左手腕部上方，左手自然贴于腹部。

如果站立过久，可以双脚轮流后退一步，身体的重心轮流落在一只脚上，但上身仍须挺直。脚不可伸得太远，双腿不可叉开过大，变换不可过于频繁，膝部不可出现弯曲。

（2）女士站姿。

女士在站立时，应当挺胸、收腹，目视前方，双手自然下垂，叠放或相握于腹部上，双脚与双腿并拢或呈现"V"或"丁"字形。"V"字形，即双脚脚跟部并拢，脚尖分开45度～60度，使身体重心穿过脊柱，落在两腿正中。"丁"字形，即双脚呈垂直方向接触，其中一脚脚跟靠在另一脚足弓处；双脚间的角度也可以小于90°，形成优美的小"丁"字步。

3. 常用的站姿

（1）正脚位小八字步。

此站姿用于礼仪迎客，或前台的站立服务等隆重、热烈或庄严的场合（如图3-4）。要求在基本站姿的基础上，右手握住左手，拇指交叉，右手食指微微翘起，垂放在腹前脐下1寸或脐上1寸处。脚跟并拢，脚尖分开呈"V"字形，两脚尖分开45～60度。站立时要保持身体挺直，腹部要收，臀部不能翘起，肩膀要平，下巴内收。男士有时也可以采用这种姿态，但两脚要略微分开，且背手。

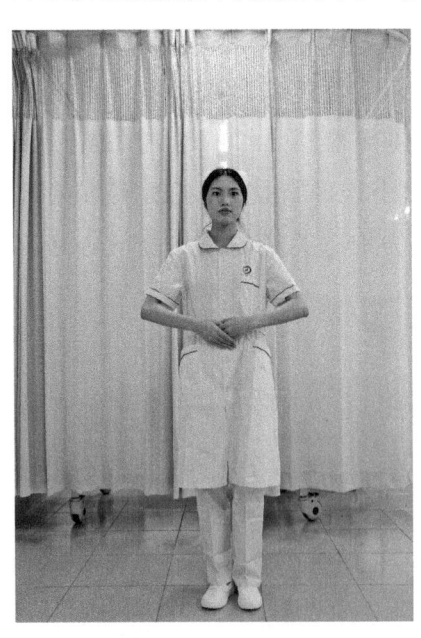

图3-4 小八字步

（2）侧脚位丁字步。

在正脚位小八字步基础上移动右脚（或左脚）跟至另一脚内侧凹处，两脚互相呈"丁"字步，身体各部位要求同小八字步（如图 3-5）。

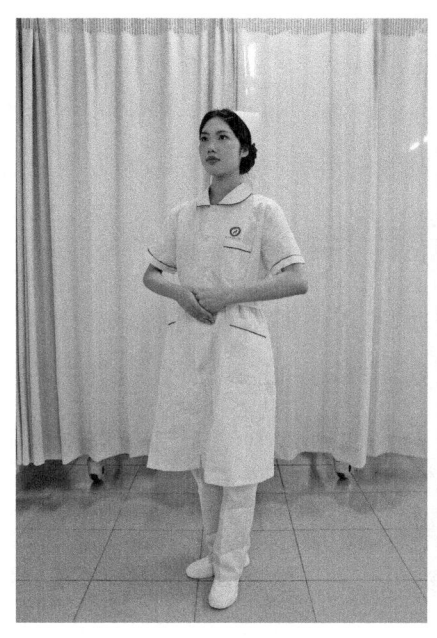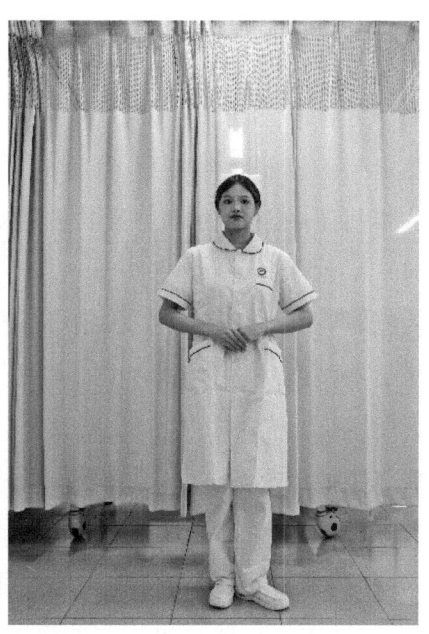

图 3-5　侧脚位丁字步　　　　　　　图 3-6　正脚位丁字步

（3）正脚位丁字步。

一脚呈水平位，另一脚与之垂直（脚尖向正前方），其余要求与侧脚位丁字步相同（如图 3-6）。

（三）坐姿

坐是一种静态造型，是一种非常重要的仪态。坐姿，即人在就座之后所呈现出的姿势，是人们在日常工作和生活中离不开的一种姿势。坐姿文雅、端庄，不仅能给人以稳重、优雅、大方的美感，而且也是展现自己气质与修养的重要形式。

坐姿

1. 就座要领

就座又叫入座、落座，即走向座位直至坐下这一过程，它是由一系列动作完成的。就座时要掌握以下要领。

（1）座位适当。

在公共场所或是社交场合入座时，要坐在椅、凳等为入座而设的常规的位置上，而不能坐在桌子、窗台、地板等非座位之处，否则是非常失礼的行为。

（2）入座有序。

与他人一起入座时一定要讲究先后顺序，礼让尊长，即先请位尊者入座；平辈之间或亲友之间可同时入座。抢先入座是失态的表现。

（3）左进左出。

无论是从正面、侧面还是背面方向走向座位，只要条件允许，通常都应该从左侧一方走向自己的座位，从左侧一方离开自己的座位，遵循"左进左出"原则。要走到座位前面再转身，然后将右脚后移半步，稍微侧头，顺左眼余光，抬双手从腰间往后下理顺护士服下摆，缓缓落座。

（4）入座得法。

入座时应背对座位入座，如距其较远，可以右脚后移半步，待腿部接触座位边缘后，再轻轻坐下。入座后上身挺直，头部端正，下颌微收，目视前方，上身与大腿、大腿与小腿均呈 90 度直角，只坐椅面的前 1/2～2/3 的位置，避免身体倚靠座位的靠背。

（5）落座无声。

入座时要轻稳，切勿争抢，无论是移动座位还是落座或调整坐姿时都不应发出声音，这本身也体现出一定的教养。

（6）离座谨慎。

离座前应礼貌声明，从座位的左边离开，不要突然起身惊吓他人。离座时要站立稳定后，才可离去。离座要有先后顺序，一般位尊者或患者可先行离座。离座时要缓慢起身，动作要轻缓。避免起身离座动作过猛，发出巨大响声或将物品弄掉在地上。

2. 常用的坐姿

（1）标准式。

上身自然挺直，下巴向内收，两肩放松，挺胸，双膝自然并拢，双腿自然弯曲，只坐椅子的 1/2～2/3，双手交叠自然放在大腿上或腹前。女士双脚并拢，上身与大腿、大腿与小腿、小腿与地面皆呈 90 度直角；男士可双脚打开与肩同宽，双手分别置于两腿近膝部位（如图 3－7、3－8）。

（2）侧坐位平行叠步式。

侧坐位平行叠步式又称双脚斜放式，是一种女士坐姿。做法是保持基本坐姿，然后以膝盖为轴，将双脚平行移至左侧或右侧，使小腿与地面成 45 度，身体向另一侧倾斜 5 度～10 度，双手叠放于大腿上或腹前。此姿势适用于穿

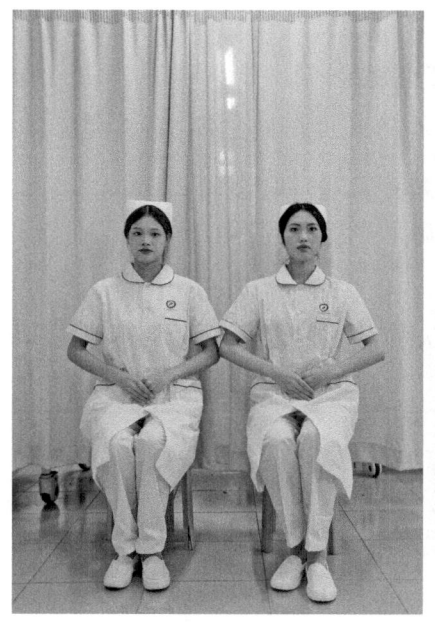

图 3-7　女士坐姿　　　　　　　　　图 3-8　男士坐姿

裙装时(如图 3-9)。

(3) 双脚交叉式。

在基本坐姿的基础上,将一脚交叉放在另一脚的足跟外侧,前脚掌着地,足跟抬起,此姿势适合于女性(如图 3-10)。

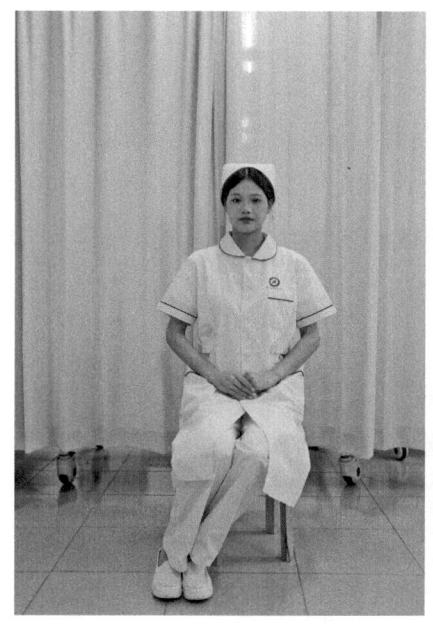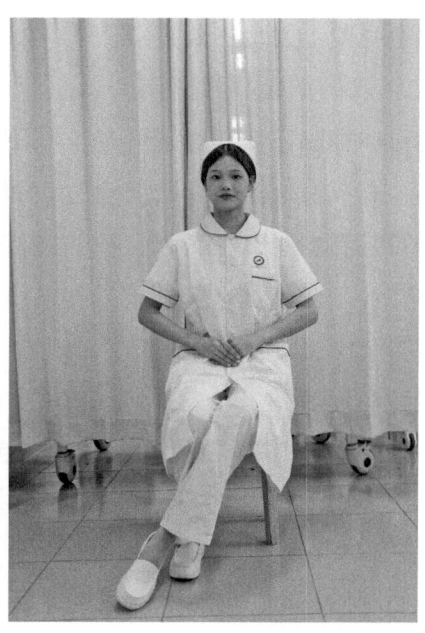

图 3-9　侧坐位平行叠步式　　　　　图 3-10　双脚交叉式

3．不雅坐姿

（1）坐时前倾后仰，或歪歪扭扭、猛坐猛起。

（2）双腿过于叉开或长长地伸出；在尊长面前跷二郎腿；将大腿并拢，小腿分开；双手放于臀部下面；腿、脚不停抖动。

（3）坐下后随意挪动椅子，坐定之后上身前倾、后仰、侧趴；双手抱于脑后或抱住膝盖；以手抚腿、摸脚等。

（4）入座后把脚架在椅子或沙发扶手上、茶几上，或用两脚钩住椅子腿；将脚抬得过高，脚尖指向他人等。

（四）行姿

行姿

行姿，是人体呈现出的一种动态美，是站姿的延续，是人在行走的过程中所形成的姿势。行姿体现了人的动态之美和精神风貌。从总体上讲，行姿属于人的全身性活动，但其重点在行进的脚步上，因此行姿也叫作步态。对行姿的要求是轻松矫健、匀速优美，做到不慌不忙、稳健大方。每个人都是一个动态的造型体，优雅、稳健、敏捷、有节奏感的行姿会给人以美的感受，反映出积极向上的精神状态。

1．行姿要领

（1）昂首挺胸，身体正直。

行走时面朝前方，双眼平视，头部端正，胸部挺起，背、腰、腿部都要避免弯曲，使全身看上去呈一条直线。

（2）双肩平稳，两臂摆动。

行进时双肩、双臂都不可过于僵硬呆板，双肩要平稳，双臂则应自然地、一前一后、有节奏地摆动。在摆动时，手要协调配合，掌心向内，手指自然弯曲，摆动的幅度以 30 度左右为佳，不要横摆或同向摆动。双臂摆动与双腿的行走要协调。

（3）起步前倾，重心在前。

起步行走时，身体应稍向前倾，身体的重心应落在反复交替移动的前脚的脚掌之上，身体随之向前移动。应当注意当前脚落地、后脚离地时，膝盖一定要伸直，踏下脚时再稍微松弛，并即刻使重心前移，这样走动时步态才能优美。

（4）脚尖前伸，步幅适中。

向前伸出的那只脚应保持脚尖向前，不要向外或向内（即外八字或内八字）。抬足有力，柔步无声。步幅均匀，每步距离约为一脚的长度（30 厘米左右）。

（5）自始至终，直线行进。

在行进时，双脚两侧行走的轨迹大体上应呈现为一条直线。与此同时，要克服身体在行进中的左摇右摆，并使身体始终保持以直线行进移动。

（6）全身协调，匀速行进。

在行走时，速度要均匀，有节奏感，全身各个部位的举止要相互协调配合，做到步速平稳，表现出轻松自然、和谐优美之感（如图 3-11）。

2. 变向行姿

（1）后退步。

向他人告辞时，先向后退两三步，再转身离去。退步时，脚要轻擦地面，不可高抬小腿，后退的步幅要小。转体时要先转身体，头稍候再转。

（2）侧身步。

当走在前面引导来宾时，应尽量走在宾客的左前方。髋部朝向前行的方向，上

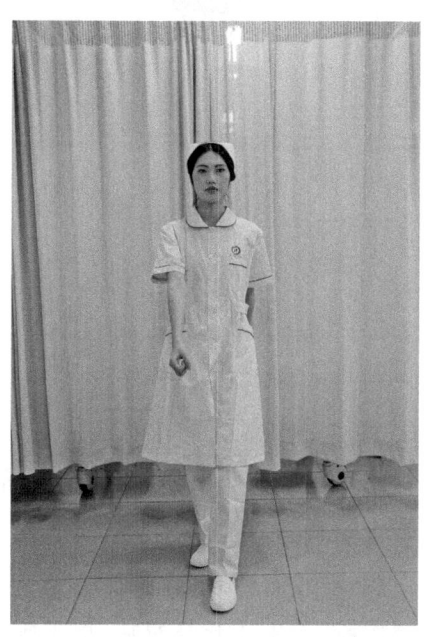

图 3-11　行姿

身稍向右转体，左肩稍前，右肩稍后，侧身向着来宾，与来宾保持两三步的距离。当走在较窄的路面或楼道中与人相遇时，也要采用侧身步，两肩一前一后，并将胸部转向他人，不可将后背转向他人。

（五）蹲姿

蹲姿是由站立的姿势转变为两腿弯曲、身体高度下降的姿势，简称蹲。蹲姿多用于拾捡物品、抬高床头、帮助别人或照顾自己时。很多护理工作都需要在蹲的基础上去完成，如整理下层放物柜、为患者整理床头柜等。

蹲姿

1. 蹲姿的要领

（1）下蹲拾物时，身体不要过度前倾，尽量保持挺直。单手或双手捋平裙摆，下颌微收，面带微笑，目光收拢看向所拾或服务目标，从容不迫，屈膝下蹲，用单手或双手从正面或侧面做拾取物品或提供服务等动作。

（2）下蹲时，两腿合力支撑身体，避免滑倒。

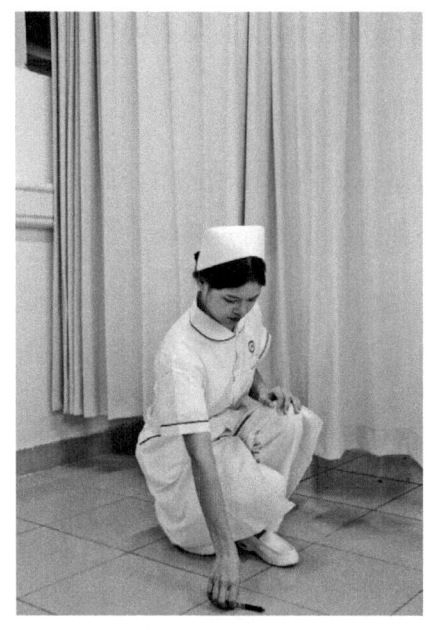

图 3 - 12　蹲姿

（3）下蹲时，应使头、胸、膝关节在一个角度上，这样可使蹲姿优美。

（4）女士无论采用哪种蹲姿，都要将腿靠紧，臀部向下（如图 3-12）。男士两腿可不用靠紧，可以有一定的距离。

2. 常用的蹲姿

（1）交叉式蹲姿。

着裙装的女士在公共场合可采用此姿势。下蹲时右脚在前，左脚在后，右小腿垂直于地面，全脚着地。左膝由后面伸向右侧，左脚跟抬起，脚掌着地。两腿靠紧，合力支撑身体。臀部向下，上身稍前倾。

（2）高低式蹲姿。

下蹲时右脚在前，左脚稍后，两腿靠紧向下蹲。右脚全脚着地，小腿基本垂直于地面，左脚脚跟提起，脚掌着地。左膝低于右膝，左膝内侧靠于右小腿内侧，形成右膝高、左膝低的姿态，臀部向下，基本上以左腿支撑身体。采用此蹲姿时，女士应并紧双腿，男士则可适度分开。

（3）半蹲式蹲姿。

人们在行进中多临时采用此姿势。它的基本特征是：身体半立半蹲，要求在蹲下之时，上身少许下弯，但不宜与下肢构成直角或者锐角，臀部务必向下，双膝可微微弯曲，其角度可根据实际需要有所变化，但一般为钝角。身体的重心应当放在一条腿上，且双腿不宜过度分开。

（4）半跪式蹲姿。

半跪式蹲姿又叫单跪式蹲姿。它与半蹲式蹲姿一样，也属于一种非正式的蹲姿。它多用于下蹲时间较长，或须用力之时。它的基本特征是双腿一蹲一跪。要求下蹲以后一腿单膝点地，以其脚尖着地，而令臀部坐在脚跟上，另外一条腿应当全脚着地，小腿垂直于地面，双腿宜尽力靠拢。

3. 蹲姿的禁忌

（1）弯腰捡拾物品时，两腿叉开，臀部向后撅起是不雅观的姿态。两腿展开平衡下蹲,此姿态也不优雅。男士两腿间可留有适当的缝隙,女士则要两腿并紧,穿旗袍或短裙时须更加留意,以免尴尬。

(2)下蹲时注意内衣"不可以露,不可以透"。

(3)不要突然下蹲,在行进中下蹲时尤其要注意。

(4)不要距人过近。下蹲时应与他人保持一定距离,以免相撞。

(5)不要方位失当。在人身边下蹲时,尤其是在服务对象身旁下蹲时,最好与之侧身相向,正面或背对着他人下蹲通常都是不礼貌的。

四、护士工作仪态礼仪

(一)基本要求

护士工作仪态礼仪在护患间的思想和感情交流过程中起着重要的作用。当护士与患者沟通时,态度安详、举止得当,有助于使患者放心地进行交流。因此,护士与患者交流中的手势,同患者、同事见面时的仪态,以及接听电话、接待住院患者等,都应体现出良好的职业素质与礼仪修养。护士工作仪态礼仪的基本要求是:举手有礼,站立有相,落座有姿,行走有态。

1. 举手有礼

护士置身于医疗卫生工作场所,与环境的协调必须以"礼"作为桥梁,做到举止有度、举手有礼,以个人的"礼"影响他人,以他人的"礼"重塑自己。应尊重习俗、遵循约定俗成的礼仪规范,努力创造出一个文明、和谐、优雅、舒适、适于患者休养和开展医护工作的良好环境。

2. 站立有相

护士在工作中应始终保持规范而不呆板、稳重而不失活泼、健康而富于礼貌、充满朝气而又诚恳谦逊的体态。

站立时头正颈直,双目平视,面带微笑,表情自然平和;挺胸收腹,两肩平行,外展放松,立腰提臀;两臂自然下垂,两手相握在腹前;两腿并拢,两脚呈"V"字形或"丁"字形。全身既挺拔向上,又随和自然。

3. 落座有姿

护士在工作中要注意表现出服务意识,不应随意就座,并流露出倦怠、疲劳、懒散的情绪或姿态。规范的坐姿是:取站立姿态,右脚后移半步,单手或双手将平衣裙,轻稳落座在椅面的前 1/2~2/3 处,两眼平视,挺胸抬头,躯干与大腿、大腿与小腿均呈 90 度角;双脚平放在地面上,足尖向前;双掌心向下,两手相叠置于一侧大腿中部。

4. 行走有态

护士在工作岗位上的行姿应该是轻盈、敏捷,如春风吹过,给人以轻巧、美观、柔和之感,显示出护士的端庄、优雅、健美与朝气。

护士规范的行姿是:精神饱满、步态轻盈、步幅适中、步位直平、步韵轻快。以站立姿态为基础,脚尖朝向正前方,收腹挺胸,两眼平视,双肩平衡略后展,两臂自然摆动。或两臂持物在胸前,步履轻捷,弹足有力。护士在抢救患者、处理急诊、应答患者呼唤时,为赶速度、抢时间而表现出短暂的快步,称为快行步。使用快行步是为了以"行"代"跑"。使用快行步时,注意保持上身平稳,做到步态自然、肌肉放松、舒展自如,步履轻快有序,步幅减小,快而稳健,快而不慌。给人一种矫健、轻快、从容不迫的动态美。使患者感到护士工作忙而不乱,由衷地信赖护理人员。

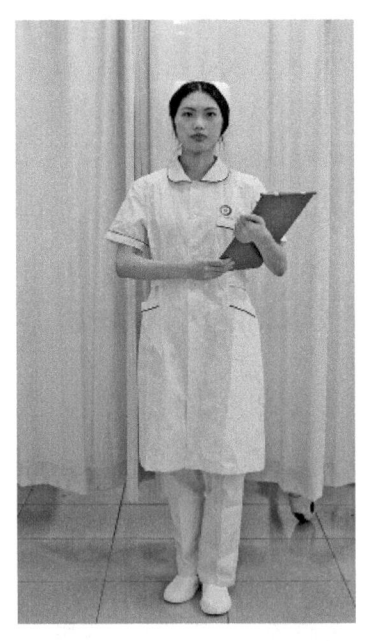

图 3 - 13　持病历夹

此外,在引导患者进入病区时,护士可以边行走,边将右手或左手抬至一定高度,五指并拢,掌心向上,以其肘部为轴,朝向所引导或介绍的目标,伸出手臂进行介绍。以示欢迎、诚恳、热情接待之意。行走时采用上身稍转向患者的侧前行姿势,边走边介绍环境。这样做不仅符合礼仪要求,又能随时观察病情和患者的意愿,以便及时提供服务。

(二) 护理工作中的仪态礼仪

1. 持病历夹

左手持卡放在侧胸上部,稍外展,右手托卡右下角或自然下垂(如图 3 - 13)。翻阅病历夹时,以右手拇指、食指从病历夹缺口处滑至边缘,向上轻轻翻开。

2. 端治疗盘

端治疗盘时,应双手用四指托住盘底,拇指置盘边,不可将拇指伸入治疗盘内,上臂贴近躯干,肘关节 90 度屈曲,治疗盘距胸骨柄前方约 5 厘米。注意保持治疗盘重心平稳(如图 3 - 14、图 3 - 15)。

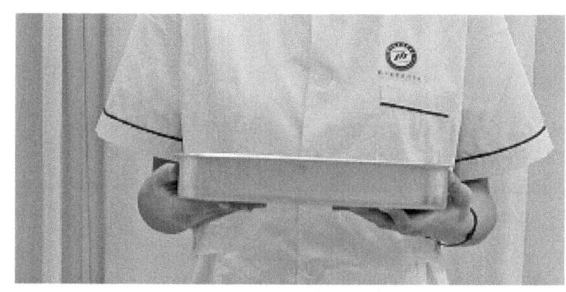

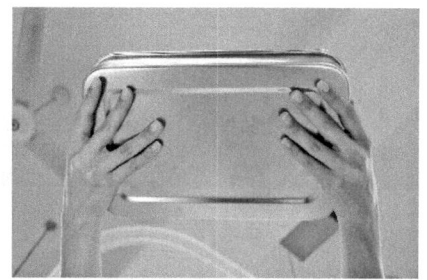

图 3 - 14　端治疗盘(1)　　　　　　　图 3 - 15　端治疗盘(2)

3. 推治疗车

双手扶住车缘两侧,上身略前倾不可用手拽着车栏拉车。进入病房前应先停车,敲门后,用手轻轻推开门,推车入室,严禁用治疗车撞击房门(如图 3 - 16、图 3 - 17)。

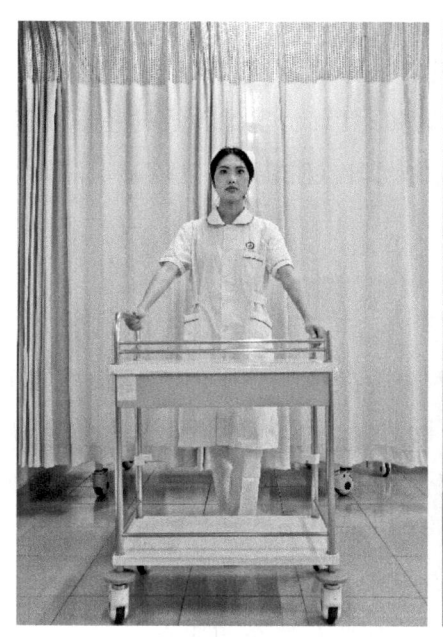

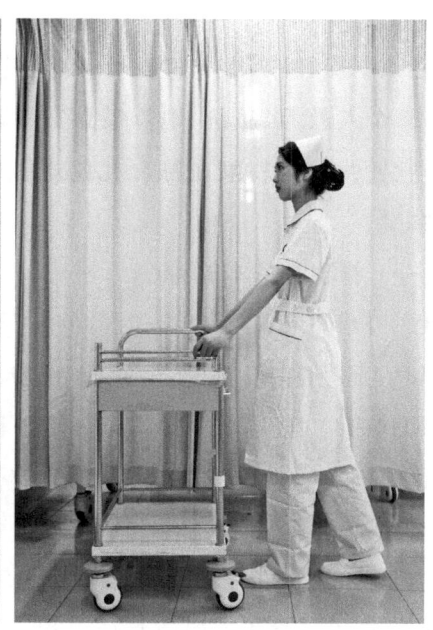

图 3 - 16　推治疗车正面　　　　　　图 3 - 17　推治疗车侧面

第三节　护士服饰礼仪

良好的护士职业形象能体现护理独特的艺术美,规范得体的着装有助于增加护士的自信,和谐护患关系,对患者的治疗和康复起到积极作用。

情境导入

　　某患者,女,40岁,银行工作人员,因右下腹疼痛来医院就诊,门诊以"急性阑尾炎"收入院。她的责任护士小李刚参加了一位患者的抢救工作,护士服上留下了血迹和药液,虽然非常热情地迎接患者,并耐心与其沟通,但患者却拒不接受小李的护理,要求更换责任护士。

请思考:

1. 小李为什么不被患者接受?

2. 如果你是责任护士你将怎么做?

一、着装礼仪

　　在人际交往中,服饰是一个人仪表中重要的组成部分,是一种无声的语言,是一个人教养、品位、地位最真实的写照。因此,掌握着装的基本知识是必要的,它使我们的装束在符合礼仪规范的同时,还能提高自信心,并带给他人美的感受。

(一)着装的基本原则

1. TPO原则

　　TPO原则是目前国际通行的着装基本原则。T(time)代表时间;P(place)代表地点、场合;O(object)代表目的、目标、对象。TPO原则是指着装要兼顾时间、地点、目的三大要素,只有遵循了这个着装原则,才能衣着得体,合乎礼仪规范。

　　(1)时间:着装要符合时代特色、合乎季节时令、符合时间的差异。

　　(2)地点:着装不但要与地点相适应,还要与场合相适应。

　　(3)目的:着装往往体现穿着者一定的目的和愿望。

2. 适体性原则

　　(1)与年龄相适宜:着装要与年龄相适宜,以体现各年龄阶段的特点。

　　(2)与肤色相适宜:人的肤色会因穿着服饰的色彩不同而产生不同的视觉效果,因此,在选择服饰的过程中,应根据肤色的不同来搭配不同的色彩,从而达到相得益彰的效果。

　　(3)与体形相适宜:人的体形千差万别,并非都十全十美,要针对自己的体形特点,选择适宜的服装。通过服装的色彩、款式、面料等与体形相协调,达到锦上添花、扬长避短的效果。

（4）与职业身份相适宜：不同的职业有不同的着装要求,着装应体现出自己的职业特点,要与从事的职业、身份、角色形象相适宜,既不能不加修饰,也不能过分夸张,特别是在办公场合,应体现出职业装的实用性、象征性和审美性的特征。这不仅能表明责任感和可信任程度,而且能表现出对他人的尊重。

（二）着装的注意事项

1. 在工作岗位上应着护士服

护士服是专业的象征,体现护士群体的精神风貌。护理人员上班必须穿护士服,并保持清洁、平整、无污渍、无血迹,衣扣要扣整齐,这是本行业工作的基本要求。身着醒目的护士服,是对服务对象的尊重,便于护理对象辨认,也代表着护理人员的尊严和责任。护士服有统一规范的样式,体现了护理人员严格的纪律和严谨的作风,是护士敬业、乐业精神在服装上的具体体现。

2. 穿着护士服时应佩戴工作牌

身着护士服时应同时佩戴工作牌,标明自己的姓名、职称、职务。这一方面促使护理人员更积极主动地为服务对象服务,严格约束自己的言行；另一方面方便患者辨认、咨询和监督。因此,每一位护理人员应自觉地把工作牌端正地佩戴在左胸上方。

3. 力求简约、端庄

护理人员在仪表修饰上切忌过分雕琢,而应力求简练、明快、朴素、高雅、端庄。护理人员不宜留长指甲,在工作中不宜戴墨镜、首饰,更不宜涂指甲油及喷洒气味浓烈的香水,以免对患者产生不良刺激。

（三）着装的具体要求

1. 护士服

护士服有连衣裙式、分体式等类型,给人以纯洁、轻盈、活泼、勤快的感觉。穿着护士服以整齐洁净、大方得体和便于各项操作为原则。穿着时要求尺寸合身,以衣长刚好过膝、袖长刚好至腕为宜,腰部用腰带调整,宽松适度。护士服以白色为主色调,也可根据不同服务对象选用不同的颜色,如绿色、淡蓝色、淡粉色、黄色等。护士应用心爱护自己的职业装,以彰显优雅、大方的天使形象。

2. 护士帽

护士帽是职业的象征,凝聚着护理人员的信念和骄傲,是职业荣誉,更是职业的责任感。传统的护士帽为圆筒帽,其主要作用是防止头发、头屑造成环境污染,同时保护护理人员头发免受污染。圆筒帽适合男性护士或对无菌操作要求比较严格的科室使用。戴圆筒帽时,应前平眉弓,后遮发际,将头发全部遮住,接缝要放在后面,边缘要平整。当今社会注重实用和美感,护士在一般治疗环境下可以选择美丽的燕尾帽,燕尾帽造型美观,像白色的光环,圣洁而高雅。燕尾帽边缘的彩条多为蓝色,是责任和尊严的标志,并代表一定的含义,横向彩条是职务高低的象征(图 3 - 18)。燕尾帽适用于女性护士。燕尾帽要平整无折痕、能挺立,戴时要戴正、戴稳,前缘距离发际 4～5 厘米,用白色发卡左右对称地固定好。佩戴时,如系短发,要求前不遮眉、后不搭肩、侧不掩耳,长发要梳理整齐并盘于脑后,用发网罩起,发饰宜素雅端庄。

图 3 - 18　横向蓝道护士帽

3. 护士鞋袜

护士工作繁忙,工作时间内需要不断走动。为了不影响患者休息,并减少护士的劳累程度,护士鞋应以软底、坡跟或平跟、防滑为宜,颜色以白色或乳白色为主。护士袜的颜色以单一色调为佳,若着裙装,应配长筒袜,以肉色为好,切忌袜口露在裙摆或裤腿的外面。

二、佩饰礼仪

(一) 实用类饰品

1. 帽子和围巾

随着人们对服饰审美品位的提高,实用类饰品的装饰作用也越来越受到人们重视。帽子和围巾对服装的整体美影响较大,它们与服装的风格应一致,使形象更加和谐。在冬天,女性穿着色彩较暗的服装时,可用颜色鲜艳的围巾和帽子点缀,这样使整个人的形象生动、活跃。选择帽子的样式和颜色时应注意自身的肤色、脸型,应与衣服的样式和颜色相适应。个子高的人,帽子宜大;身材纤细的人,帽子宜小;长脸者不宜戴高帽和小帽;宽脸者宜戴小檐高顶帽。

2. 手表

在正式的社交场合,手表可体现地位、身份和财富状况,同时还意味着佩戴者时间观念强、作风严谨。护士在工作场合一般不戴手表,而佩戴胸表,因为手表戴在腕部,易被污染又不便消毒处理,而胸表小巧别致可挂于左侧胸前。在工作过程中,护士胸表无须用手即可直接察看。

3. 皮包

根据皮包的外形和用途,皮包可分为手提式、手拿式和肩挎式皮包三种。手提式皮包一般为多层结构,容量较大,受到职业女性的宠爱;手拿式皮包多具淑女风范,五指轻握,靠于体侧,有一种耐人寻味的高贵之感;肩挎式皮包轻盈、方便,无论郊游、上班都显得十分精神。选择恰当的皮包可较好地协调服装的整体美。在夏季应选择小巧的提包,显得轻松、凉快;在冬季应选择颜色鲜明的手提包,可点缀较暗淡的服装;出门旅游宜选择体积较大的背包,布制、草编均可;上班时应选择容量较大、做工较好的中型包;赴宴时可配别致的小包,绒制、缎制的手拿包最合适。皮包的颜色和样式应与服装的色彩、样式和时令季节相协调。

4. 鞋

鞋子的配色原则是宁深勿浅,在没有与服装同色的鞋时,可选择与服装同色系的但明亮度比服装颜色低的鞋,如浅绿色的服装配上墨绿色的鞋。深色鞋没有浅色鞋或艳色鞋那么引人注目,却显得稳重大方。

(二)装饰类饰品

装饰类饰品也可称为首饰,包括戒指、项链、挂件、耳环、手镯、手链、脚链、胸针等。在较为正规的场合恰当地选择、搭配和使用首饰能发挥其美化和装饰的功能。护士在工作场合一般不配戴装饰类饰品。

知识窗

西装的灵魂——领带

在男士穿西装时,最抢眼的,通常不是西装本身,而是领带。因此,领带被称为西装的"画龙点睛之处"。同身西装,只要搭配不同的领带,往往也能给人不同的感觉。

领带属于男士的饰物,女士一般不打领带。男士打领带,以穿着西装之时为佳。穿西装时,特别是穿西装套装时,不打领带往往会使西装黯然失色。然而在平时穿着其他服装,如大衣、风衣、夹克、毛衣、短袖衬衫而不穿西装时,则不必打领带。

 护·理·实·训 ---------------------------------

实训一

一、实训目标

根据化妆礼仪,结合个体的脸型和肤色画一个护士职业妆。

二、训练内容与方法

二人一组,互相切磋,按以下流程化护士职业妆。教师对学生进行指导、点评。

洁面→爽肤水轻按面部和颈部→涂抹润肤液→涂防晒霜→涂粉底液和粉饼→修眉→画眼线→涂眼影→扑打腮红→修饰唇部

三、训练评价

教师对每组学生进行点评并打出相应成绩(分别为优秀、良好、合格、不合格)。最后分析总结,对于表现好的学生提出表扬。

说明:评分总分为 100 分,优秀(90～100 分);良好(80～89 分);合格(60～79 分);不合格(60 分以下)。

实训二

一、实训目标

规范展示站、坐、蹲、行及护士日常动作。

二、训练内容与方法

情景设置一:中午 11 点 55 分,内科护士小王正坐着写交班记录,这时 9 床患者的老伴进来,要求量血压,护士小王请患者家属坐下,量完血压之后,刚坐下继续写交班记录,这时有人进来问 303 病房在哪里。

情景设置二:患者李福根,男,69 岁,责任护士小王为他送住院费用一日清单。这时张护士巡视病房发现 6 床患者的毛巾落在床头地上,便蹲下捡起来。

情境设置三:护士把治疗盘、医嘱执行本放在治疗车上,推着治疗车去 5 床患者床旁,为其进行药物过敏试验。

依据以上情景设置领取任务,班级学生分成若干个小组,分角色情景模拟完成符合护士手势、坐姿、蹲姿、端治疗盘、推治疗车等礼仪规范的行为举止。教师对学生进行指导、点评。

三、训练评价

教师对每组学生的模拟进行点评并打出相应成绩（分别为优秀、良好、合格、不合格）。最后分析总结，对于表现好的学生提出表扬。具体评分标准详见表 3-1。

表 3-1 护士工作中的仪态礼仪评分标准

内 容	评 分 要 点	得分
坐姿 （20分）	1. 落座时从座椅的左侧入座，动作轻巧、稳重、优雅、无声响。（4分） 2. 坐时臀部坐于椅子的 1/2 或 1/3，不可坐满。（4分） 3. 坐时头部端正，双目平视，下巴内收，双肩后展，上体保持挺直；双膝靠拢，双脚自然放平；双手相握或自然轻放于一侧大腿上。（4分） 4. 坐时体态体现出护理人员的端庄、大方与文雅。（4分） 5. 离座时无声无息，从座椅的左侧离开，动作从容稳健。（4分）	
站姿 （20分）	1. 站立时头部抬起，双目平视，下颌内收，表情自然。（4分） 2. 双肩下沉外展，挺胸、收腹、提臀。（4分） 3. 双臂自然下垂放于体侧或相握放于体前下腹部。（4分） 4. 双腿直立，脚跟靠拢，脚尖分开，呈"V字形"或"丁字形"。（4分） 5. 站立时体态挺拔自然，优雅大方，富有朝气。（4分）	
蹲姿 （20分）	1. 下蹲时头略低，上体挺直，双肩自然平放。（4分） 2. 双腿紧靠，左膝略高于右膝。左脚在前，脚底完全着地；右脚在后，脚尖着地，脚跟提起。（4分） 3. 下蹲时臀部朝下，不可向后撅起。（4分） 4. 下蹲时不允许背对他人下蹲或双腿平行分开下蹲；也不能过快下蹲或与他人距离过近时下蹲。（4分） 5. 下蹲起立时身体略向前，重心前移，上体保持直立轻轻站起，动作轻盈舒缓。（4分）	
走姿 （20分）	1. 行走时，头部端正双眼平视，胸部挺起，背部、腰部、膝部避免弯曲。（4分） 2. 行走时双肩平稳，避免左右晃动；双臂放松，一前一后自然而有节奏地摆动，幅度不超过 30 度。（4分） 3. 行走过程中身体重心始终落在交替移动的前面的那只脚上。保持脚尖向前，行走呈一条直线。（4分） 4. 行走时，步幅适度，步速相对稳定，不可过快、过慢或忽快忽慢。（4分） 5. 行走时步履轻盈敏捷，协调自然，弹足有力，避免发出过大的声响。（4分）	
持病历夹、 端治疗盘、 推治疗车 （12分）	1. 左手持病历夹放在侧胸上部，稍外展，右手托病历右下角或自然下垂（4分） 2. 端治疗盘时，双手用四指托住盘底，拇指置于盘边，不可将拇指伸入治疗盘内，上臂贴近躯干，肘关节 90 度屈曲，治疗盘距离胸骨柄前方 5 厘米。（4分） 3. 推治疗车时用双手扶住车缘两侧，上身略前倾，轻巧地向前推进。不可用手拽着车栏叮叮哐哐地走。（4分）	

续　表

内　容	评　分　要　点	得分
表情与服饰 （8分）	1. 精神饱满，富有朝气。（2分） 2. 眼睛平视，目光柔和，与他人有视线的交流。（2分） 3. 面带微笑，表情轻松自然。（2分） 4. 服装整洁，穿着规范。修饰得体、协调。（2分）	

第三章参考
答案

练　一　练

一、单选题

1. 仪容美不包括以下哪项？（　　）

　　A. 自然美　　　　B. 身材美　　　　C. 修饰美　　　　D. 内在美

2. 护士的妆容不应（　　）。

　　A. 大方　　　　　B. 自然　　　　　C. 新奇　　　　　D. 美观

3. 护士在工作中不能佩戴首饰，但是可以佩戴（　　）。

　　A. 戒指　　　　　B. 耳钉　　　　　C. 项链　　　　　D. 胸表

4. 护士端治疗盘的姿势不正确的是（　　）。

　　A. 身体立直，挺胸收腹　　　　B. 肘关节呈90度

　　C. 治疗盘紧贴身体　　　　　　D. 平稳端取

5. 护士站姿应优雅、自然，应避免（　　）。

　　A. 挺胸、收腹、目视前方　　　　B. 双手自然垂放或插在口袋里

　　C. 双手握于腹部　　　　　　　　D. 脚并拢呈"丁"字形

6. TPO原则中的时间原则为着装时必须考虑的，你认为下面不属于时间原则的是（　　）。

　　A. 符合时代的要求　　　　　　B. 符合季节的更替

　　C. 符合时间差异　　　　　　　D. 与年龄相适宜

7. 穿着护士服时，需要注意很多相关事项，下面说法不正确的是（　　）。

　　A. 护士服的样式以整洁美观为原则

　　B. 注意与其他服饰的搭配和协调

　　C. 里面衣服的领边和袖边可以超过护士服

D. 里面不应穿过于臃肿的衣服

8. 给患者送住院一日清单时,应采取的恰当方法是( )。

A. 放到患者床旁桌上

B. 放在患者枕头边上

C. 双手递给患者

D. 双手递给患者,字面向患者以方便其查看,并伴随语言交流

9. 患者,男,68岁,脑出血急诊入院,医嘱一级护理,给予心电监护,接诊护士准备给患者女儿做入院介绍时,遭到了家属的强烈拒绝,最可能的原因是( )。

A. 正在对患者进行抢救　　　　B. 护士着装不整

C. 护士介绍不到位　　　　　　D. 护士表情不自然

二、解答题

护士着装的原则有哪些?

学习目标

1. 了解沟通、语言沟通、非语言沟通的含义。

2. 掌握人际沟通的基本原则、交谈的常用语言类型和非语言沟通的常见类型。

3. 能正确运用语言沟通和非语言沟通的相关知识及技巧，在护理人际交往中营造良好的沟通氛围。

4. 建立基本的人际沟通能力，在与人交往中营造良好的人际关系。

学习内容

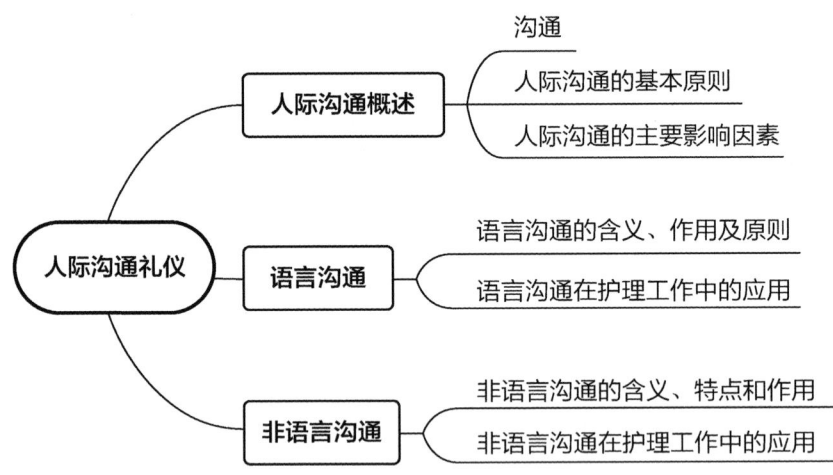

情境导入

　　某医院普外科新入职护士小李去给一位 60 多岁的直肠癌患者张某静脉输液治疗。她来到病床旁后，张某不肯配合治疗，情绪非常低落，并向她诉说生活的诸多苦恼。小李听了后说："你担心什么，你只是得了直肠癌，还可以开刀做手术，至少还能多活几年。你没看见前两天走的 6 床患者吗?她得的是胰腺癌,确诊后没两个月就死了。况且,你都 60 多岁了,原先住你这张床的那位癌症患者 30 多岁就死了,你知足吧。"张某听了后情绪更加低落了,整天唉声叹气的。

请思考:

1. 患者听了护士小李的话后为何情绪更加低落?
2. 如果你遇到这种情况,你会怎样和该患者交谈?

随着人类社会的持续发展与文明的不断进步,全球各地的文化正在经历着深刻的交融与碰撞。文化的多样性不仅丰富了人们的思想观念,也使得人际交流变得更为丰富和形式多样。在职场、日常生活等各个领域,能进行有效的沟通已成为不可或缺的能力。人们追求在人际互动中实现满足感、愉悦感和成功感,因此,掌握出色的人际沟通技巧显得尤为关键。护士作为医疗团队的重要成员,人际沟通能力直接影响到对患者的治疗效果和护理质量。护士需要与患者、家属、医生以及其他医疗人员进行有效的沟通,以理解患者的需求、提供心理支持、解释医疗信息、协调护理计划等。在护理实践中,良好的人际沟通有助于建立信任关系,减少误解和冲突,提升患者的满意度和护理效率。因此,对于护士而言,优秀的人际沟通技巧不仅是专业素养的体现,更是提供高质量护理服务的基础。

第一节 人际沟通概述

人际沟通是建立人际关系的基础,是维系人际关系的手段,是人们生活中建立良好关系不可或缺的活动。

一、沟通

(一)沟通的含义

现代社会意义上的沟通一般指人际沟通、组织沟通、自我沟通和人机沟通;而古代社会的沟通还包含人与天地的沟通、人与"神灵""祖先"的沟通等特殊情境意义的沟通。不同时代沟通的对象、内容和具体含义有所不同。总之，沟通是指个人、组织、社会遵循一系列共同规则、凭借一定渠道（又称为媒介、通道），将信息、思想、情感等发送给接收者，并得到接收者的确认、正确理解和回馈，最终达成共同认识的过程。沟通是连接心灵的桥梁，是促进理解与协作的纽带，它在人类社会的各个领域中扮演着至关重要的角色。

（二）沟通的过程

沟通是一个充满互动的、包括双向反馈和理解的过程，它由六个连续的环节构成（见图4-1）。在这一过程中，沟通可能会受到噪声的干扰，导致信息的发送、传递、接收和反馈出现失真。

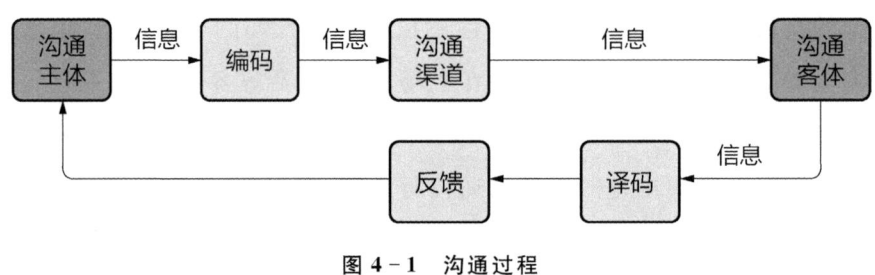

图4-1 沟通过程

（1）沟通主体：这是信息的发送者或来源，它包括各种类型的信息，如观点、想法、数据等。

（2）编码：主体选择一种方式来表达信息内容，这种方式可以是语言、文字、图表、图片、手势等。

（3）沟通渠道：这是信息传递的途径。

（4）沟通客体：这是信息的接收者。

（5）译码：客体对接收到的信息进行解释和理解。

（6）反馈：发送者通过接收反馈来确认信息是否被准确无误地接收和理解。

这六个环节共同构成了沟通的完整循环，确保了信息的有效传递和理解。

（三）人际沟通的类型

人际沟通可以根据不同的分类标准进行多种划分。

1. 根据交流媒介分类

（1）语言性沟通：语言是人类交流信息的重要工具，人们通过语言符号传递思想、情感、观念和态度，以达到沟通的目的。语言沟通分为口头语言沟通和书面语言沟通。

口头语言沟通：口头语言沟通是最常用的沟通方式，包括说话、演讲、交谈、小组讨论、非正式讨论，以及各种消息的传播等。

书面语言沟通：通过语言文字进行沟通，包括阅读、写作、信件、合同、协议、通知、布告等一切传递和接收书面文字的手段，最常见的是阅读和写作。

（2）非语言沟通：通过仪表、服饰、表情、行为举止、人际距离和环境等非语言媒介传递信息的重要交流方式，包括副语言沟通、身体语言沟通、空间距离等多种形式。

2. 根据沟通渠道分类

（1）正式渠道沟通：指在组织系统内，依据一定的组织原则进行的信息传递与交流，例如科室工作人员之间的往来、下级向上级汇报工作、领导传达会议精神、教师授课等。

（2）非正式渠道沟通：指正式沟通渠道以外的信息交流和意见沟通，不受组织监督，可以自由选择沟通方式，例如小群体闲谈、朋友聚会、议论某人某事、传播消息等。

3. 根据沟通方向分类

（1）单向沟通：在沟通过程中，发送者和接收者之间地位不变的一种单一方向的沟通，例如作报告、召开会议、演讲等。

（2）双向沟通：在沟通过程中发送者和接收者之间地位不断变换，信息发送和反馈往返多次的双边信息交流活动，例如讨论、交谈、协商、谈判等。

4. 根据沟通目的分类

（1）告知型沟通：以将自己的意见告知对方为目标的沟通，通常采取言语沟通方式进行，要求沟通信息明了、准确，以免产生分歧。

（2）征询型沟通：以获得期待的信息为目标的沟通，一般采取提问方式进行，要求真诚、谦虚和有礼貌。

5. 根据沟通的意识性分类

（1）有意沟通：有意沟通通常具有一定的目的性，沟通主体对自己沟通的目的有所意识，例如谈话、心理护理、了解病情、打电话、写信、讲课等。

（2）无意沟通：无意沟通在生活中容易被忽视，出现在我们感知范围中的任何一个人都会与我们有一定的信息交流，例如当我们发现身边有人睡觉时，就会不自觉地放轻脚步，压低说话声音，这就是一种无意沟通。无意沟通不仅是经常发生的,而且是广泛存在的。

知识窗

语言性沟通与马拉松长跑

在公元前490年的希波战争中,雅典军队成功抵御了波斯人的侵略。为了尽快传递胜利的消息,雅典派遣了长跑健将菲迪皮茨承担这一历史性的使命。尽管身负伤痛,菲迪皮茨依然以惊人的速度从马拉松平原奔跑至雅典的中央广场。当他抵达目的地,面对着翘首以盼的民众,他激动地宣告:"大家欢庆吧,我们胜利了!"话音刚落,他便因力竭而倒下,最终牺牲。这一英勇的行为,后来成为全球瞩目的奥运会项目——马拉松长跑的灵感之源。菲迪皮茨的壮举,不仅是一次对体能的极限挑战,也是一次最纯粹、最基本的信息沟通行为——口头语言沟通的传递。

(四) 人际沟通的层次

人际沟通的层次可以随着相互信任程度的增加而逐渐提升。以下是人际沟通的五个层次。

(1) 一般交谈:这是沟通的最初级层次,双方讨论的是表面的、社交礼节性的话题,如"你好""吃饭了吗""下班了吗"等。这种不涉及个人问题的一般性交谈,为初次见面的双方提供了一种安全感。

(2) 陈述事实:这一层次沟通的内容主要是客观事实,不包含个人意见,也不涉及私人关系,例如"我是一名教师""我肚子疼"等。这种沟通不需要双方投入个人感情,只需要准确传达信息。

(3) 交流看法:当沟通进展到交流看法的阶段,双方已经建立起一定的信任,能够自在地表达自己的想法和对各种事物的观点,并希望与对方分享,获得认同和理解。

(4) 分享情感:在这一更高层次的沟通中,沟通双方不仅分享对问题的看法和判断,还会表达和分享彼此的感觉、情感和愿望,例如"你是在故意气我""他变了"等。这是更为深入的情感交流。

(5) 沟通高峰:这是沟通的最高层次,双方达到一种短暂而高度一致的感觉。通常只有交往时间长、信任度高的关系才能达到这种沟通状态。在这一层次的沟通中,有时无须言语,双方就能完全理解对方的体验和感受,也能领悟对方希望表达的含义。

在人际沟通的过程中,随着沟通的深入,双方会逐步提升到更高的沟通层次。沟通双方应当根据需要选择合适的沟通层次进行交流。在护患沟通过程中,护理人员应当细心评估与服务对象之间的沟通层次,并运用交流技巧,逐步引导对话向更高层次推进,以深入了解服务对象的实际感受。这样,护理人员能够更有针对性地帮助服务对象解决问题,提供更加贴心的护理服务。

二、人际沟通的基本原则

(一) 诚信原则

"精诚所至,金石为开"。诚信是人际沟通的基石,它确保了沟通的持续性和发展性。真诚与团结是现代社会事业成功的根本。具体来说,诚信体现在展现真实的自我、坚持实事求是、保持胸怀坦荡,以及说到做到、承诺必履行。

(二) 平等原则

在现代社会中,人们只有社会分工和职责的不同,而没有高低贵贱之分。平等原则要求我们尊重他人的自尊心和感情,不干涉他人生活;在沟通中,坚持人格平等,学会关心、体谅和理解他人。

(三) 相容原则

学会宽容,善于原谅。我们要认识到世界的多样性,每个人的生活和教育背景都不尽相同,不能以单一标准来衡量他人。人非圣贤,孰能无过。我们应该学会换位思考,这样无论是在日常交往还是在利益冲突中,都能妥善处理矛盾,化解紧张氛围。

(四) 互惠原则

人们在交往中总是在交换着某些东西,无论是物质、情感还是关系。每个人都希望这种交换对自己是有价值、有意义的。因此,在人际沟通中必须注意互惠互利,让对方觉得与我们交往是有价值的,从而更愿意维持这种交往。

(五) 赞美原则

人际关系的基础是人与人之间的相互尊重和支持。赞美原则就是真诚地欣赏对方的行为和价值。赞美能够激发一个人的潜能,调动其积极性,而训斥则会让人情绪低落、体力下降。赞美是一门艺术。充分地、善意地看到他人的优点,适时、适度、真诚地赞美,无论是直率、朴实,还是含蓄、高雅,都能产生良好的效果。赞美不同于虚夸,更不是讽刺挖苦。

三、人际沟通的主要影响因素

在人际沟通的过程中,外界干扰等多种因素可能导致沟通失败或无法达到预期目标。在实际工作中,我们常见到因沟通不当引发的冲突和矛盾,这些不和谐现象会降低工作效率。影响有效沟通的因素主要有以下几个方面。

(一) 个人因素

个人因素包括对信息的选择性接收和沟通技巧的差异。

1. 选择性接收

人们倾向于接受与自身期望相符的信息,甚至只偏好接收那些听起来愉快的信息,而排斥不愉快的信息。

2. 沟通技巧差异

个体在信息接收能力和沟通技巧上存在差异,有些人擅长口头表达,有些人则更善于书面描述。

(二) 人际因素

人际因素涉及沟通双方的信任度、信息来源的可信度,以及发送者和接收者之间的相似性。

1. 双方信任

沟通的成功与否取决于双方的诚意和信任。在护理实践中,患者对医务人员的信任程度直接影响沟通的深度。

2. 信息来源的可信度

信息来源的可信度取决于信息发送者的诚实、理解力等因素。只要信息来源可信,信息接收者便可以视情况继续传递信息。

3. 相似性

沟通的准确性与双方的相似性有关,如果一方认为对方与自己相近,则更易于接受对方的意见。

(三) 结构因素

结构因素对沟通效果有着显著的影响,这些因素包括地位差异、信息传递链、团体规模和空间限制。

1. 地位差异

地位在沟通中扮演着关键角色,尤其是在护理领域。信息沟通的成功很大程度上取决于管理层与基层员工之间的有效合作。护士可能因为恐惧心理、护士长的权威态度或是缺乏同情心而受到影响,这些都可能阻碍正常的信息交流。此外,地位的差异也会影响沟通的方向和频率,通常情况下,信息更多地从高地位流向低地位。

2. 信息传递链

信息在传递过程中经过的层级越多,所需时间越长,失真可能性也越大。这是因为每一级都可能对信息进行筛选和解读,有时可能会断章取义,有时则会添加主观色彩,尤其是当信息涉及自身利益时,更容易导致信息失真。

3. 团体规模

团体规模越大,沟通的复杂性越高。随着中间层级的增多,人与人之间的直接交流变得更加困难,信息传递过程中时间成本增加,这可能会影响信息的及时性。

4. 空间限制

发送者和接收者之间的空间距离,以及接触机会都会影响沟通效果。不同的社会文化背景和种族也可能导致社会距离的产生,进而影响信息的有效传递。

(四) 环境因素

1. 场所适宜性

沟通场所的适宜性对沟通效果有着显著影响。过于宽敞的场所可能会使人感到不安全和疏离,增加心理距离;而过于狭小的空间则可能引发压力和不适感。理想的场所应当适中,能够营造出舒适、亲切和安全的环境,从而促进沟通的顺畅进行。

2. 场所的安静程度

保持沟通场所的安静对于提高沟通效果至关重要。应当尽量减少噪声和干扰,避免由此产生心理的不良反应,如焦躁和愤怒。噪声还可能导致注意力分散和记忆力下降。

3. 座位安排

座位的布局对沟通者的心态和情绪有着直接影响,是沟通成败的关键因素之一。例如,在会议上,如果希望给对方留下良好的印象,可以选择圆桌会议形式,这种座位安排象征着平等和合作,能够对沟通产生积极的影响。当需要双方共同努力达成共识时，并排而坐的座位安排能够传递出信任和协作的信息。

4. 必要的设备

适当的设备可以增强沟通的辅助效果。例如，在进行数据统计交流时，利用多媒体设备以图表形式展示信息，可以使沟通更加直观和清晰。

沟通是一种艺术，语言的准确性和情感的表达对信息的传递至关重要。护理人员应具备爱心和沟通技巧，通过真诚的语言为患者创造舒适的环境，鼓励患者表达感受，调动其积极性，消除不良情绪，以促进患者的康复和有尊严的生活。

第二节　语　言　沟　通

阅读角

语言的魅力

"良言一句三冬暖，恶语伤人六月寒"，这句话出自《增广贤文》，告诉我们要学习用"爱语"结善缘。很多时候，一句同情理解的话，就能给人很大安慰，增添勇气，使人即使处于寒冷的冬季也能感到温暖。而一句不合时宜的话，就如一把利剑，能刺伤人们的心灵，使人即使在炎热的夏季，也能感到阵阵的冷意。

通常而言，护理服务的对象是那些寻求健康支持的人群。正如南丁格尔所言："要使千差万别的人都能处于接受治疗和护理的最佳状态，这本身就是一门精细的艺术。"这门艺术的核心工具便是语言。在护理工作中，护士与患者之间的交流需要得体的语言、优雅的举止、亲切的眼神和微笑，甚至在适当时刻的沉默，这些都能为患者带来极大的心理安慰。患者能够从护士的语言中感受到关怀和尊重，进而在生理、心理、精神和生活层面得到满足。因此，掌握并有效地运用语言沟通技巧是每位护士的基本职责。

一、语言沟通的含义、作用及原则

(一) 语言沟通的含义

语言沟通是指在一定的社会环境下,人们借助共同的语言信息在个人或者群体间交流和传递思想、知识、情感及愿望等信息的过程。在临床护理工作中语言沟通是护患之间情感和信息沟通的桥梁,它融入了护士对患者的爱心和鼓励,使患者能深切感受到始终贯穿于护理过程中的人文关怀。

(二) 语言沟通的作用

1. 获取信息情报

语言沟通使得人们能够获取新闻、数据、图像、评论等多样的信息资源,帮助个体收集所需的信息资料,以便对信息及时做出响应和决策。例如,护士通过与患者进行沟通,完成入院评估,收集患者的个人信息,从而做出准确的护理诊断,并实施恰当的护理措施。

2. 协调人际关系

语言沟通是人际交往中不可或缺的核心工具,它能够有效地调整人与人之间的关系,增进彼此间的情感。通过不断的沟通,不仅能够提升个人的沟通能力,还能持续改善人际关系。

3. 促进心理健康

人类有融入群体并与他人交流的基本需求,人际的互动交流是保持心理健康的重要条件。缺乏沟通可能导致个人心理问题的出现,如孤独、寂寞、压抑、自闭等,严重时甚至可能发展成心理疾病。

4. 提升社会活动能力

语言沟通能够扩充人们的信息量,提供相关知识,帮助个体顺利参与社会活动,加强社会联系,维护社会关系网络,增强自信心。

5. 提高职业素养

语言沟通不仅能促进智力发展,还能在人生的各个阶段提升个体的基本素质和能力。护理职业对语言沟通能力有较高的要求。调查显示,在整体护理模式下,护理人员有 70% 的时间是在与患者、家属和同事进行沟通中度过的。良好的语言沟通能够持续提高护理职业素养,使护士的职业生涯光彩夺目。

（三）护理语言沟通的原则

语言在应用过程中展现出多样性和复杂性，它的重要性在于能够促进家庭亲情、朋友间的友情，以及人际情感交流。护理人员在运用语言时，首先应遵守医疗工作的整体道德规范，并依照特定的原则进行沟通，这样才能提高语言交流中信息传递的效率。在治疗和护理过程中，护理人员与患者之间的沟通应当遵循以下几个关键点。

1. 语言的规范性

（1）语义要准确。语义是语言的核心，其基本功能在于传达人们的思维内容。与人交流时，要确保语言能够准确表达意图，使他人能够理解，从而实现思想的交流和情感的传递。在护理沟通中，护士应确保使用的语言精确无误，避免对患者病情的描述出现夸大或缩小的现象。此外，语言应简洁明了，避免使用过多修饰词，尽量使用口语化的表达方式，以避免造成患者理解上的困难。护士在与患者的交谈中要结合专业医学术语和通俗易懂的解释，否则，患者可能会感到费解，甚至产生误解，影响沟通的效果。

（2）语音要清晰。语音是语言的声音表现形式，因此，清晰易懂的语音是沟通信息的关键。在护理工作中，护士与患者沟通时应使用标准的普通话，确保语言发音准确、清晰。

（3）语法要规范。语言交流应遵循语法规则，展现系统性和逻辑性。护士在向医生或上级汇报工作、反映病情，向患者说明情况、进行健康教育，或与患者家属沟通时，应清楚地表明人物称谓、时间概念、空间关系，确保叙述事情的起始、经过、变化和结局条理清晰，避免混淆。

（4）语调要适宜。语言的表达力往往借助于语调的强弱、轻重和高低等情感色彩，这些被称为"副语言"。不同的副语言会产生不同的效果。例如，轻声细语与高声重喝在表达"该吃药了"这一信息时，所传达的态度和紧迫感是完全不同的。

（5）语速要适当。交谈的速度会影响护患沟通的效果。护士在与患者交谈时，应避免说话过快，因为过快的语速可能会影响语言的清晰度和有效性。适当的语速不仅有助于患者理解，也有助于营造一个更加放松和舒适的沟通环境。

2. 语言的治疗性

语言是神经系统的特殊刺激物，它能对人的健康产生影响。语言不仅具有暗示和治疗的作用,而且在护理工作中扮演着至关重要的角色。护士在与患者沟通时,应确保语言内容与患者的病情、健康状况和护理问题相关,避免涉及无关话题。护士的适时鼓励和安慰性语言能够帮助患者在治疗过程中保持乐观的心态,这对患者的健康有着积极的促进作用。然而,不恰当的语言可能会对患者产生不良刺激,引发愤怒、恐惧和抑郁等情绪,进而影响病情。因此,护士应当谨慎使用语言,最大限度地发挥其对患者的正面效应。

3. 语言的通俗性

在沟通的过程中,信息的准确传递和理解是至关重要的。例如,护士告知患者"张阿姨,明天你要做 B 超了,晚饭后要禁食"。如果患者不理解"禁食"的具体含义,可能会导致误解。因此,护士与患者交流时应遵循通俗性原则,使用患者能够理解的语言和文字,避免使用医学术语或医院内部的省略语,以便患者能够清晰地理解自己的健康状况和护理要求。

4. 科学性原则

科学性原则体现在两个方面。第一,护理人员在交流中引用的信息或数据应基于可靠的科学依据,避免传播未经证实的民间传闻或疗效不明确的内容。第二,护理人员在交流中应保持事实的准确性,避免夸大治疗效果或为了引起患者的重视而使用夸张的语言。

5. 情感性原则

情感是语言表达的核心。护士在与患者沟通时,应使语言充满情感,展现出亲善的态度。护士应根据患者的情绪状态调整自己的语言风格,例如,对于胆小的患者,使用儿童化的语言以避免使患者受惊;对于对医疗护理工作有质疑的患者,避免表现出厌恶;对于焦虑和忧郁的患者,避免表现出嫌弃。护士在工作中应保持愉快而冷静的心态,以自然地表达出对患者的同情、信任和尊重。

6. 委婉性原则

委婉是指在表达意见时采取不直接的方式,以减轻对方的心理负担。护理人员在谈论患者的诊断、治疗计划和预后等问题时,应特别注意措辞的谨慎和委婉,以避免使用患者或患者家属敏感或忌讳的语言。在讨论敏感话题,如难以治愈的疾病时,护理人员应尽量避免使用可能引起不适的表达方式,而是选择温和、体贴的词汇和语气,以减轻患者的心理压力,防止护患纠纷的发生。

7. 幽默性原则

幽默是一种具有积极意义的沟通方式,可以改善血液循环,增强免疫力,提高机体的抵抗力。接受过幽默治疗的患者普遍认为,幽默是一种有效的心理疏导方法,可以帮助他们从痛苦的经历和情绪中解脱出来。因此,护理人员在适当的场合、根据患者病情和性格特点,适时运用幽默,可以有效地表达护理人员的观点,调动患者的愉悦情绪,从而达到事半功倍的效果。

8. 语言的严肃性

语言的严肃性是指护理人员在与患者交谈时,应保持一定的情感严肃性。护士应站立稳重、面部表情平和,语态温柔却带几分严肃。这样的护士会给人一种端庄、高雅的印象,有助于建立患者的信任感。如果护士在交谈时表现得过于随意或面部表情过于丰富,可能会让患者感到不信任。

9. 语言的保密性

当护士与患者交谈时,保护患者隐私和保守医疗秘密非常重要。以下是一些具体的注意事项。

(1)保护患者隐私:护士不应该主动打听与治疗、护理无关的患者隐私。对于已经了解的患者隐私,也不应擅自泄露给无关人员。

(2)保守医疗秘密:护士应该注意不要向无关人员透露诊断、化验结果、重大诊治措施等敏感信息。护士应该严格保守医疗秘密,做到"守口如瓶"。

(3)保护工作人员的隐私:护士不应该与患者谈论医护人员的私生活,包括婚姻、家庭和亲友关系等。

保密不等于欺骗。护士应从有利于疾病治疗方面考虑该不该和患者讲真话。如一般疾病,不管急性还是慢性的,都应把真实情况告知患者,目的是让患者充分了解所患疾病的病因、症状、转归及预后,进一步配合医疗;对一些目前尚不能治愈的疾病,如癌症和系统性红斑狼疮等,尤其是重大疾病晚期就不宜告知患者,目的是让患者怀着希望,延长存活时间。这是一种人道主义的关怀。

通过合理的语言沟通,护士可以鼓舞患者树立战胜病魔的信心和勇气,体现白衣天使救死扶伤的高尚品德。因此,护士应特别注意语言的修养,加强语言训练,充分认识语言对治疗疾病的重要作用。

二、语言沟通在护理工作中的应用

(一) 交谈

1. 交谈的含义

交谈,也称为口语沟通,是一种通过口语形式运用语言来传递信息、交流思想、增进了解和加深认识的活动过程。交谈不仅体现了一个人的知识、阅历、教养和应变能力,还能反映一个人的文化水平、内心世界和品德修养。因此,护士需要掌握交谈的基本方法和技巧,以达到与患者沟通的满意效果。

2. 交谈的类型

(1) 个别交谈与小组交谈。

根据参与交谈人员的数量,交谈可分为个别交谈和小组交谈。

个别交谈:是指在特定环境中两个人之间进行的以口头语言为载体的信息交流。例如,一对一的护患交谈、医患交谈、医护交谈等。由于这种交谈只涉及两个人,因此气氛较为宽松,容易达到交谈目的。

小组交谈:是指 3 人或 3 人以上的交谈。为了保证效果,小组交谈最好有人组织,参与人员数量最好控制在 3~7 人,最多不超过 20 人。如护士对众多患者进行健康指导、医疗小组的会诊等。参加小组交谈的护士要学会倾听,创设和谐的交谈氛围,轮流发言,尽量让每个人都能达到目的。

(2) 面对面交谈与非面对面交谈。

根据交谈的场所和接触的情况,交谈可分为面对面交谈与非面对面交谈。

面对面交谈:是指交谈双方同处一个空间,均在彼此视觉范围内。这种交谈可以借助表情、手势等肢体语言帮助交谈双方表达观点和意见,使双方的信息表达和接收更准确。护患交谈多采用此种形式。

非面对面交谈:是指随着现代科学技术的快速发展,人们可以通过电话、电视、网络等非面对面的方式进行交谈。在非面对面的交谈时,交谈双方可不受空间和地域的限制,也可以避免面对面交谈时可能发生的尴尬场面,使交谈双方心情更放松,话题更加自由。

(3) 一般性交谈与专业性交谈。

根据交谈的主题和内容,交谈可分为一般性交谈与专业性交谈。

一般性交谈:又称为社交性交谈,一般用于解决一些个人或家庭的问题。目的是建立关系或增进友谊,交谈的内容比较广泛,一般不涉及健康与疾病问题。一般性交谈是最低层次的沟通。

专业性交谈:是确定患者的需求,用于解决健康问题或减轻病痛、促进康复、预防疾病等问题。由于这种交谈以患者为中心,具有明确的专业目的,即建立良好的关系、促进健康,交谈场所一般在医疗机构,故称为专业性交谈。专业性交谈可分为评估性交谈、指导性交谈和治疗性交谈。评估性交谈是指护患通过互通信息以获取医疗护理信息。指导性交谈是指护士针对患者存在的问题提出解决方案,让患者按照解决方案去执行。治疗性交谈为了使患者解决健康问题,是护士向患者提供健康服务的重要手段。

3. 交谈的常用语言

(1)鼓励性语言。

鼓励性语言可以调动患者的积极性,帮助患者增强战胜疾病的信心。例如,当护士为患者手术前安置胃管时,患者感到恶心,无法配合做吞咽动作,护士应分散患者的注意力,缓解患者的焦虑,并采用鼓励性语言。例如,"请您做深呼吸,好,很好,您配合得很好,马上就要成功了,请您坚持一下"。当安置胃管结束后,应说"您真勇敢,多亏有您的配合,我们一次性成功地置入胃管,在手术后请继续配合我们,您会很快康复的"。鼓励性语言是护士在与患者沟通过程中最常用的,护士可以找一些轻松愉快的话题,找到患者的关切点进行鼓励性交谈,增强患者康复的信心。

(2)安慰性语言。

安慰性语言可以引起患者情感上的共鸣,稳定患者的情绪,使患者减轻心中的痛苦,积极配合治疗和护理。例如,当患者在手术前焦虑时,护士可以说"负责您手术的医生是我们科最有经验的医生,这种手术做了很多,您就放心吧"等。运用安慰性语言时要先了解患者的情况,设身处地地为患者着想,不同的患者采用不同的安慰方法,态度要诚恳,语言要透出护士对患者的关心和同情,切忌对患者进行言不由衷的安慰。

(3)指导性语言。

当患者不具备相关医学知识时,护士可以采用一种指导方法将与疾病相关的内容传达给患者,以达到使患者配合医护人员治疗、护理的目的。例如,护士在为患者进行青霉素过敏试验后,可以说"我刚才给您注射的是青霉素过敏试验针,您不要按压此处,也不要外出,20 分钟后我会过来查看您的试验结果,这期间如果您有任何不舒服,请立刻按呼叫器,我会马上赶过来"。指导性语言常用于告知患者必须严格遵守并执行的规定,切忌语气生硬。要注意每次告知的内容不宜太多,尽量简明扼要、通俗易懂,重点内容要反复讲述和解释,让患者理解并牢记。

(4)劝说性语言。

护士在工作中常会遇到劝告患者配合治疗和护理,而患者不愿意接受,出现不合作、不配合的负面情绪的情况,这时护士要耐心地解释和劝说。可以从对方利益出发,为患者健康着想,以达到说服的目的,让对方理解你的行为,说出必要的理由。另外,要尊重对方的自尊心,不随意批评患者。如患者经长时间治疗,病情不见好转而出现拒绝治疗的情况时,护士应劝说患者:"您没有听说过病来如山倒,病去如抽丝吗?您已经治疗这么长时间了,药物刚刚在您体内发挥作用,您现在突然停止,不就前功尽弃了吗?"从而让患者接受、配合治疗及护理。

(5)解释性语言。

在临床工作中,护士要进行静脉输液、肌内注射、发药、灌肠等操作时,要使用有效的解释性语言,让患者理解操作的目的和意义。例如,健胃药应饭前服用,助消化药应饭后服用,磺胺药服用后要多饮水。常用语言一般分为操作前解释、操作中指导、操作后嘱咐,必要时可应用医学术语,以消除患者的疑虑。

4. 护患交谈的策略

在护理工作中,护士需要掌握基本的交谈策略,包括倾听、核实、提问、反映、阐释、移情和沉默。

(1)倾听。

倾听是建立有效沟通的关键,护士应全神贯注地听患者的诉说。有效倾听需要倾听者排除干扰,集中注意力,理解患者的情感和需求。具体方法包括与患者保持合适的距离,保持放松、舒适的体位和姿态,与患者的视线保持接触,避免做分散注意力的举动,适时微微点头或应答以表示自己在听。

(2)核实。

在倾听之后,护士需要核实自己的理解是否准确,与患者所表达的是否一致。这可以通过重复、澄清和总结来实现。重复是指将患者的话重复一遍,得到对方确认时再继续倾听和交谈。澄清是指将模棱两可、含糊不清、不够完整的陈述搞明白,以获得更多的信息。例如,患者说:"我每天都喝一点酒。"护士说:"嗯,你说你每天都喝一点酒,你能说具体点吗?比如说,喝哪种酒?每天喝几次?喝几杯?"护士应用简单易懂的话语将对方所表达的意思重复一遍,以核实自己的感觉。

(3)提问。

提问是了解患者需求和情况的重要手段,护士应掌握提问的技巧。提问可分为开放式提问和封闭式提问。开放式提问是指问没有特定答案的问题，如"你感觉怎么样"；封闭式提问是指问有特定答案的问题，如"你有没有感到疼痛"。在提问时，护士需要表现出亲切、和蔼的态度，使用温柔、关心的语气，保持耐心和倾听的态度，适当使用沉默，以获得患者的信任和合作，提高沟通的效果。

（4）反应。

反应是一种帮助患者领悟自己真实情感的交谈技巧，也称释义。它指的是将患者的部分或全部沟通内容复述给患者，让患者通过护士的反述对自己的讲话和表现重新评估，并做出必要的澄清。为了引出反应，护士需要仔细倾听和观察患者的情感（非语言性表现），同时选择最能代表其含义和情感的词句。为了避免使用固定的词句或陈词滥调，护士应该采用引导性的谈话，如"你看起来好像……""据我理解，您所说的是……"等。反应的焦点是将被交谈者的"言外之意，弦外之音"摆到桌面上来，使对方进一步明确自己的真实情感。例如：

患者："我已经住院好几天了，各种检查也做了不少，但是直到现在谁也没有对我的病情做出解释，我真的不知道怎么办。"

护士："嗯，你看起来很烦恼，也很着急。"

患者："可不是嘛……（继续诉说）"

在这个例子中，护士准确地表达了患者的情绪，让患者感到被理解和同情，并鼓励患者继续倾诉。

（5）阐释。

阐释是指护士以患者的陈述为依据，提出一些新的看法和解释，以帮助患者更好地面对和处理自己问题的技巧。阐释多用于治疗性交谈中，以帮助患者理解自己的问题和可能的解决方案。

（6）移情。

移情是从他人的角度感受、理解他人的感情，但不是同情他人。在护患交谈过程中，护士应从患者的角度理解、体验其真实情感，以便准确掌握患者的信息。

（7）沉默。

在护患交谈中，沉默可以给患者思考的时间，令人感到舒适与温暖，也给护士观察患者和调适自己的机会。尤其是在患者焦虑时，或者有些问题不愿答复时,保持一段时间的沉默可以让患者感到护士很能体会他的心情,真心听取他的意见,自己的愿望受到尊重,如"如果你不想说话,你可以不说,我希望能在这里陪你一会儿"。当护士以温暖平和的神态保持沉默时,对患者来说也是一种无声的安慰。

(二) 书面语言沟通

1. 护理文书

护理文书是记录护理工作的业务资料,反映了护理质量和护士的业务素质。它不仅是进行诊断、抢救、治疗和护理的科学依据,也是医疗纠纷法律责任判断的重要证据。护理人员在护理活动中形成的文字、符号、图标等资料都属于护理文书范畴。实习护士、试用期护士、未取得护士资格证书或未经注册的护士书写的护理记录,需要由具有合法执业资格的护士进行审阅并签名。此外,上级护理人员有责任审查和修改下级护理人员书写的记录。因此,护理文书的管理十分重要,需要保证其准确性和完整性,以保障患者和医护人员的权益。

2. 其他文书

书面语言沟通还包括书信、广告、传真、报告、备忘录、便条、健康教育手册等其他文书形式,具有可持久保存、有形展示、能够核对等优点。

书面语言沟通的不足之处在于不能及时反馈信息,效率较低,沟通客体可能对所传递的信息含义无法准确理解。在书面语言沟通中,沟通主体可以对需要传递的内容进行深思熟虑,精心组织,并且在正式发表前可以多次修改。准备书面语言沟通需要花费大量时间和精力,同时还需要具备良好的写作能力,因此,需要不断学习和积累经验。

第三节　非语言沟通

> **知识窗**
>
> 心理学家史伯特·梅拉比安提出了一个公式:信息的全部效果＝语调(38%)＋表情(55%)＋语言(7%)。这说明非语言沟通所能反映的思想和感情远远大于语言沟通。

人与人之间的沟通并不仅仅是通过语言形式进行的,还可以借助许多非语言形式进行。很多无法用语言表达的思想感情,都可以通过非语言形式来传达。由于护理工作的特殊场景和沟通对象,护士需要了解不同非语言形式的含义,以便更好地把握自己在沟通过程中的非语言行为对患者的影响,并更好地理解患者的非语言行为传达的信息,从而加强护患之间的有效沟通。

一、非语言沟通的含义、特点和作用

(一)非语言沟通的含义

非语言沟通是指利用非语言符号,如表情、手势、眼神、服饰、身体接触和距离等进行的信息传递和情感交流。非语言沟通可以表达个人难以用语言表达的情感、情绪和感觉,具有较强的表现力和吸引力。同时,非语言沟通可以跨越语言不通的障碍,因此往往比语言信息更富有感染力。

(二)非语言沟通的特点

非语言沟通在人际沟通中具有不可替代的特殊地位,这源于其自身特点。以下是其五个主要特点。

1. 真实性

非语言行为通常比语言行为更能真实地传达信息的含义。由于语言行为可以通过有意识地选择词语来控制,而非语言行为常常是无意识的,因此在某些情况下,语言信息和非语言信息可能会传递不同的,甚至矛盾的信息。在这种情况下,人们通常会选择非语言行为来判断说话者的真实意图。因此,非语言行为通常是一个人的真情流露。人做了亏心事,总显得心神不定、六神无主或鬼头鬼脑;撒谎时,常常会不自主地出现摸头发、摆弄手指等非语言行为,显示出其内心的不安。著名心理学家弗洛伊德说:"没有人能保守秘密,如果他的嘴保持沉默,他的指尖却在喋喋不休地说着,他浑身的每一个毛孔都渗出对他的背叛。"

2. 自然性

非语言沟通是人们在社会活动中通过观察和参与获得的,不需要花费很大的主观努力去学习。在现实生活中,运用非语言行为进行沟通是每个人都具有的能力。例如,一个人在说话时不自主地做手势、点头、微笑等动作,可增强沟通效果;几个月的婴儿就知道通过观察别人的表情来做出恰当的反应,当人们向他们微笑时,他们也会微笑,当人们对他们表示愤怒时,他们就会啼哭;

久别的朋友相见时紧紧拥抱、泪流满面,以此来表达互相的思念之情等,这些都是非语言在交流中的自然流露。

3. 情境性

非语言沟通与所处的语言环境有密切的关系。同样的语言符号在不同的环境中,含义不尽相同。有时,同一个非语言行为,由于理解的角度不同,在实际运用中容易造成曲解和误会。如微笑可能是表示友善,可能是掩饰紧张,也可能意味着满不在乎或是在想象愉快的事情;沉默对一个人而言可能是他表达愤怒的方式,而对另一个人则可能是感到困窘或对某事没兴趣的表示。

4. 生动性

非语言沟通是人们能直接感受到的,它比语言的抽象层次低,更能生动地表达人的思想感情。例如,一个被救治后痊愈出院的患者,内心充满感激之情,紧握医护人员的手来道别时,虽未开口讲话,但医护人员早已感受到并深深理解患者的感激之情。

5. 差异性

在跨文化交流中,非语言沟通是一个不可忽视的要素。虽然一些体态语言在不同的文化中有相似的含义,例如微笑表示友好,但在不同文化中,同样的体态语言可能会有不同的解释。因此,在与不同文化背景的人交流时,要充分了解不同体态语言的含义,避免误解和冲突。例如,在美国食指和大拇指搭成圈,剩下的三个指头分开向上伸直,表示"OK"即"同意"的意思;但在巴西,这一手势表示"肛门",如要表示"OK",则应握紧拳头,向空中伸出拇指。俄国人把手指放在喉咙上表示吃饱;日本人做此动作却表示被雇主"炒了鱿鱼"。因此,在与不同民族、不同文化背景的人一起交谈时,要充分了解不同体态语言表示的含义,才能保证沟通顺利进行。

(三) 非语言沟通的作用

1. 表达情感

非语言沟通的首要作用是表达情感。人类的情感可以通过非语言形式进行表达,如喜怒哀乐。在护理实践中,护士与患者及其亲属常常通过非语言形式进行沟通,如眼神、动作等,来表达他们内心的状况。例如,护士紧紧握住分娩产妇的手表示安慰;亲属在患者的病床边紧皱眉头、不停地搓手,表达了内心的紧张与焦虑。

2. 验证信息

人们在使用语言行为进行沟通时,常常有词不达意或词意难尽的感觉。因此,需要使用非语言行为对语言信息进行弥补,或对言词的内容加以强调,从而使自己的意图得到更充分、更完善的表达。对于患者来说,医院陌生的环境会使其谨慎和不安,因此会特别留意周围的人和物,对医护人员的非语言行为更是敏感。例如,有些肿瘤患者想知道疾病的严重性,他们会通过有意观察医护人员和家属的面部表情和行为来获取线索。

3. 显示关系

沟通信息包含内容含义(说什么)和关系含义(怎么说)两个层面。内容含义的显示多用语言信号,关系含义的显示则较多地依靠非语言信号。在护患沟通中,当护士靠近患者坐着,这种交谈方式显示了双方平等的关系。当医护人员站着面对躺着的患者说话时,往往显示医护人员对患者的控制地位。但在其他场合,这种关系含义可能恰恰相反,如师生沟通中老师坐着而学生站着,正好显示了老师对学生的控制地位。

4. 补充替代

非语言沟通是语言沟通的补充和完善。在许多语言沟通无法准确表达的时候,利用非语言沟通可以达到更好的效果。医护人员可以通过无声的语言不断地将自己的情感、态度、技术水平等信息传递给患者,使患者产生良好的感受,对疾病的诊疗、康复可以达到事半功倍的效果。例如,脑外伤引起的失语患者由于事发突然,往往不能接受失语的事实,而恢复语言功能的过程又很缓慢。因此,有效的非语言沟通不仅有助于满足患者的身心健康,密切护患关系,更能有效地开展各种治疗护理,提高护理质量,有利于患者的早日康复。

 课堂讨论

你知道哪些非语言沟通的方式? 举例说明你在日常生活中是如何运用非语言沟通的。

二、非语言沟通在护理工作中的应用

(一) 表情

表情是人类面部的动态,它揭示了我们的情绪和情感。表情能够以最自然和真实的方式展现我们复杂的心理活动和变化,而且容易被他人察觉和理解。在人际交往中,我们可以通过观察对方的表情来感知他们的情绪和心理状态。在护理实践中,我们应以职业道德为指导,巧妙地运用和调整自己的面部表情,以促进与患者的有效沟通。同时,表情也是我们获取患者病情变化信息的重要途径。构成表情的关键要素包括目光和笑容。

1. 目光

(1)目光的作用。

① 表达情感。目光是人类情感的直观反映,能够真实地映射出我们内心的情绪波动。例如,当我们快乐时,眼睛会自然地闪烁着光芒;而在悲伤时,眼神则显得黯淡无光;说谎时,目光可能会不自觉地躲闪。目光不仅能够传达我们的思想和情感,还能影响他人的行为,是一种高效的信息传递方式。在护理工作中,护士应当学会如何运用目光与患者建立联系,以传递不同的情感和信息。例如,一个温和的目光可以缓解患者的焦虑;一个亲切的目光能够给予患者安慰;一个镇定的目光能够让患者感到安全;一个充满关怀的眼神则能为患者提供力量和支持。

② 显示关系。目光还可以用来展示人际关系的亲疏和权力动态。例如,在地位较高的人与地位较低的人交流时,前者通常会有更长时间的目光接触;恋人之间可以长时间相互凝视,而陌生人之间则不宜如此,以免造成不适或误解。

(2)目光注视的角度。

① 平视:也称为正视或直视,这种目光交流表达了尊重和平等的态度。在对话中,平视可以传达出"我尊重你""我在认真听你说话",以及"我对你的话题感兴趣"的信息。

② 斜视:通常被视为一种不礼貌的行为。在沟通中斜视他人,可能意味着"我对你所讲的内容不感兴趣""我不想与你这样的人交流",或者是一种避免暴露自己内心活动的防御姿态。

③ 上视:当视线向上时,这种眼神可能表示"我不服气""这不是我的错"或"我不想听这些"。有些人可能会用这种目光来表达"我比你强"的态度,而当对方的自尊心受损时,也可能用这种方式来传达"你没什么了不起"的信息。

④ 仰视:指的是抬头或仰脸看向对方的姿势。这种目光通常表达了尊重和敬畏,常用于与地位较高或年长者交流时。

⑤ 俯视:目光向下可以有两种含义。一种是抬头俯视,这通常显示出自

傲的态度,表示"我比你高人一等";另一种是低头俯视,这可能是自卑或地位较低的人所采用的姿态。

(3)目光投射的时间。

在人际交往中,目光接触的持续时间是一个关键的非语言沟通因素。在一般的交谈中,听者注视对方脸部的时间应占整个对话时间的30%至60%。如果目光接触的时间过长或过短,都是不合适的。特别是在与异性交谈时,双方连续对视的时间不宜超过10秒钟,以免显得失礼。在护理过程中,护士需要恰当地掌握目光交流的时长,以确保准确无误地传达所须表达的信息。

2.微笑

在我们的日常生活中,笑容以多种形式呈现,包括微笑、轻笑、大笑、狂笑等。在这些笑容中,微笑以其自然、大方和真诚友善的特点得到最广泛的应用,被世界各国人民所普遍接受和认可。微笑不仅能够传递积极的情感,还能在人际交流中创造出友好的氛围。在与患者的沟通中,护士的微笑是一种强大的沟通工具,它能够迅速赢得患者的信任和好感。微笑让患者感受到亲切、温暖、理解和尊重,有助于营造一个和谐融洽的交流环境,有效缓解患者的紧张和不安情绪。然而,护士在运用微笑时需要保持自然和得体,同时考虑到周围环境的适宜性。在气氛严肃的场合、患者处于悲伤状态、或在处理急危重症患者的情况下,微笑可能不适宜,甚至可能伤害患者及其家属的情感,影响护患之间的沟通。在患者忧伤时,护士可以通过皱眉来表达同情,为患者提供心理上的慰藉。在抢救危重患者时,护士应保持专注的面部表情,避免微笑,以展现对情况的严肃对待。

阅读角

非语言沟通的力量

1990年9月,第三次参加高考的福建闽清籍残疾考生黄道亮,被时任福州市委书记习近平兼任校长的闽江职业大学(现闽江学院)破格录取,成为福建省第一位无双臂大学生。大学期间,黄道亮身残志坚,顺利完成学业,并成为一名共产党员。1997年5月18日,在福建省出席全国

"自强与助残"表彰大会代表和残疾人代表座谈会上,黄道亮汇报个人事迹时,特别介绍了自己在母校三年的幸福时光。出席座谈会的时任福建省委副书记习近平微笑注视着他,并向他点头致意,和蔼的笑容和亲切的目光给予他巨大鼓舞,激励着他为残疾人事业努力奋斗。

(二) 触摸

1. 护士的触摸

护士的触摸是一种独特的非语言沟通方式,它通过身体各部位的接触和抚摸来传递情感和信息。常见的触摸形式包括抚摸、握手、依偎、搀扶和拥抱等。触摸不仅能够加深人与人之间的关系,还是语言沟通的一种重要的补充手段,用以向他人表达关心、体贴、理解、安慰和支持等情感。相关专家研究表明,按摩和触摸的刺激能够增强免疫系统的功能,对健康具有积极的生理影响。对于婴儿来说,拥抱和抚摸能够提供最佳的情感温暖。如果这种需求得不到满足,婴儿可能会出现所谓的"皮肤饥饿"症状,表现为食欲不振、发育迟缓、智力下降和性格缺陷等。

2. 触摸的注意事项

尽管触摸在护理中具有积极的作用,但它是一种高度个性化的行为,对不同的人可能具有不同的含义,并受到性别、年龄和文化等因素的影响。不当的触摸可能会被误解。因此,医护人员在进行触摸时应当保持高度的敏感和谨慎。

(1) 根据患者的实际情感状态选择触摸方式。例如,当患者感到伤心或需要安慰时,护士握住患者的手可以提供有效的安抚;然而,如果患者正处于愤怒状态,触摸可能会引起对方的不适或反感。

(2) 根据与患者关系的亲密程度选择触摸方式。在初次见面或关系较疏远的情况下,适当的握手可以表达礼貌;而在建立了较亲密的关系后,可以通过拍拍肩膀、背部,甚至拥抱等方式,来传达更深层次的关怀和情感。

(3) 根据患者的特点采取其易接受的触摸方式。例如,年轻女护士在与老年男性患者交流时,适当地抚摸其手臂或手背,可能会让患者感到亲切和舒适。然而,中年女护士应避免对年龄相仿的男性患者进行类似的触摸,年轻女护士也应避免对年轻男性患者进行抚摸,以免引起误解或不适。在所有情况下,触摸都应以尊重和适宜性为原则。

(三) 人际距离

人际距离,即人与人之间的空间间隔,在人际交往中扮演着重要角色。不同的空间距离反映了不同的亲密度,并可能引发交往双方的不同反应。尊重个体对空间距离的偏好有助于减轻心理压力,提升沟通的有效性和舒适度。心理学家爱德华·霍尔提出了著名的社交空间距离理论,阐述了人际距离对沟通的影响,并将其划分为四种类型。

1. 亲密距离

亲密距离通常指双方相距 0.5 米以内。在这个距离上,人们可能会有身体接触,通常适用于最亲近的人之间,如家人、情侣等。这个距离,双方可以感受到对方的气味、呼吸甚至体温。在护理实践中,如测量生命体征、进行注射或皮肤护理等操作时,护士可能需要与患者保持这种距离。在操作前,护士应向患者及其家属解释操作的必要性,以获得他们的理解和配合。

2. 个人距离

个人距离在 0.5～1.2 米之间。这个距离,双方不太可能有直接的身体接触,适合进行友好的交谈。这种距离适用于亲朋好友、医护人员之间,以及护患之间的互动。在护理中,个人距离适合用于为患者进行健康教育、心理咨询等,是护患之间进行沟通交流的理想距离。

3. 社交距离

社交距离指的是沟通双方保持在 1.2～3.5 米之间的距离。这种距离适用于关系不太密切的社交场合或礼节性的互动,给人一种适当的安全感。在社交距离下,人们既不会担心受到伤害,也不会感到过于疏远,适合进行友好的交流。在护理环境中,这种距离适用于小型会议、交接班、会诊等场合。对于敏感或异性患者,保持适当的社交距离可以减轻他们的紧张情绪。

4. 公众距离

公众距离是指沟通双方相隔 3.5 米以上的距离。这种距离适合于面向群体交流,通常不适用于个人间的对话。例如,在公开演讲中,演讲者与听众之间的距离就是公众距离。在医院环境中,进行集体健康宣教、科室专题讲座或学术演讲时,沟通双方的距离也属于公众距离范畴。

(四) 副语言

副语言是伴随有声语言的声音现象,它作为非语言交流的一种形式,能够传达丰富的情感和信息。副语言包括哭笑声、抽泣声、呻吟声、叹气声、咳喘声，以及说话时的音质、音高、语调、语气、语速和停顿等。

副语言能表达多种情感。副语言不是语言，但是有时却胜似语言，在传递思想和感情方面的作用，丝毫不比语言逊色。例如，笑声可以有微笑、大笑、傻笑、苦笑、冷笑等多种，每种笑声都传递着不同的情感内容。声调的高低、语速的快慢、节奏的变化等都能表达不同的情绪状态。声调高表示激动、兴奋，声调低表示怀疑、回避、难过；提醒或强调某件事一般声调高，失望、心虚则声调低；节奏变快表示紧张激动，节奏变慢则表示沮丧、冷漠等。人们在焦虑激动时，说话节奏总是较快且有形体动作，在抑郁时说话节奏则较慢，声调低沉而单调等。护士在与患者沟通时，应善于利用副语言来强调内容和加强情感表达，如在健康宣教时保持平和的语气和适中的语速，以传递自信和可靠的感觉。同时，护士也应注意患者的副语言，以获取更多关于患者情绪和病情的信息。

副语言对要传达的信息含义也有影响，同样的话语，通过不同的副语言表达，可以传达不同的含义。例如，用温和、平稳的语调说"你好漂亮"可能表示真诚的赞美；而语速较快、声调尖刻地说出同样的话，则可能表达嫉妒。同样，轻声细语地告知"该打针了"与大声喊出的效果截然不同。这说明副语言能够为简单的陈述增添复杂的情感色彩。

 护 理 实 训

一、实训目标

（1）掌握口头语言和非语言沟通技巧，与护理服务对象能够进行有效沟通，以消除服务对象的疑虑，使服务对象能配合治疗，从而提高护理工作效率。

（2）通过角色扮演，体会护理工作中有效沟通的重要性。

二、训练内容与方法

全班学生分成若干个小组，每2人一组，其中1人扮演护士，1人扮演患者。模拟接诊一位50岁的男性患者，遵医嘱为其进行静脉输液。同学们在操作时注意有效运用人际沟通技巧。教师对学生进行指导、点评。

三、训练评价

教师对每组学生的模拟进行点评并打出相应成绩（分别为优秀、良好、合

格、不合格）。最后分析总结,对于表现好的学生提出表扬。

说明:评分总分为 100 分,语言沟通和非语言沟通技巧各占 50 分,优秀 (90～100 分);良好(80～89 分);合格(60～79 分);不合格(60 分以下)。

第四章参考
答案

练 一 练

一、单选题

1. 人际沟通的层次根据双方信任程度的不同,可以随着相互信任的增加而逐渐提升,下列哪一项是沟通的最初级层次（　　）。

 A. 陈述事实　　　B. 交流看法　　　C. 分享情感　　　D. 沟通高峰

2. 下列哪一项不是人际沟通的基本原则（　　）。

 A. 诚信原则　　　B. 平等原则　　　C. 相容原则　　　D. 训斥原则

3. 下列不属于非语言沟通技巧的是（　　）。

 A. 倾听　　　　　B. 提问　　　　　C. 沉默　　　　　D. 触摸

4. 个人距离是护患交谈的最理想距离。护患交谈时双方距离应大约为（　　）。

 A. 15 厘米　　　B. 30 厘米　　　C. 50 厘米　　　D. 1 米

5. 在收集病情资料时,恰当的方式是（　　）。

 A. 始终看着患者　　　　　　　　B. 适时地与患者目光接触

 C. 低头记录　　　　　　　　　　D. 看着窗外

二、多选题

1. 下列哪些因素属于影响有效沟通的个人因素（　　）。

 A. 对信息的选择性接收　　　　　B. 沟通技巧差异

 C. 地位差异　　　　　　　　　　D. 信息传递链

2. 下列哪些因素属于影响有效沟通的人际因素（　　）。

 A. 双方信任　　　　　　　　　　B. 信息来源可信度

 C. 团体规模　　　　　　　　　　D. 空间距离

3. 触摸在护理中的作用包括（　　）。

 A. 传递情感和信息　　　　　　　B. 增强免疫系统功能

C. 提供情感温暖 　　　　　　　　D. 满足特殊情感需求

4. 护患交谈的策略包括（　　）。

　　A. 倾听　　　　　B. 核实　　　　　C. 提问　　　　　D. 反映

5. 交谈的常用语言包括（　　）。

　　A. 鼓励性语言　　B. 安慰性语言　　C. 指导性语言　　D. 劝说性语言

三、解答题

　　在护理工作中，护士应具备哪些交谈的技巧？

第五章 综合性医院护理礼仪

 学习目标

1. 掌握综合性医院中不同岗位护理礼仪的规范和基本要求。
2. 能在综合性医院护理实践过程中恰当运用护理礼仪。
3. 在综合性医院护理工作中具备良好的职业仪容和仪态。

 学习内容

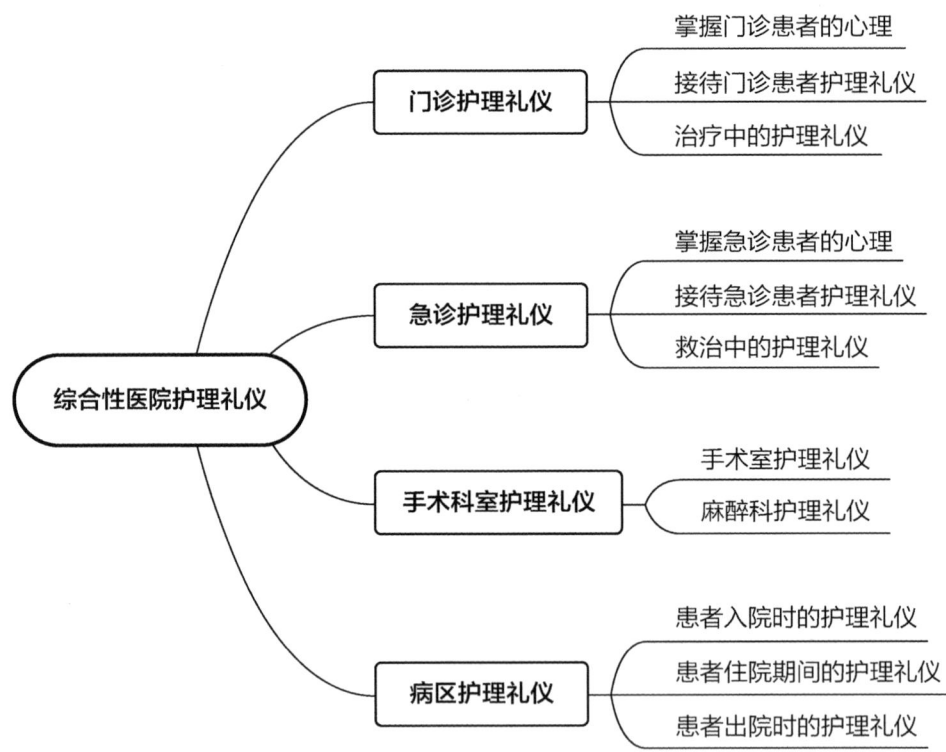

　　医院每天都会接待许多不同的患者,而他们到达医院时的心情大多比较压抑。前不久,一位50多岁的女性患者,被诊断为淋巴癌晚期,医生一直在努力使用各种化疗方案,但结果都不怎么好。患者很忧郁,每天都想跟人聊天,因为家里人工作繁忙,她只能找护士,只要一看见护士,就抓住人聊天。有一天护士较忙,没有多余的时间与她沟通。她就很绝望,说:"我是不是没救了?所以你们觉得跟我说话都是多余的了。"

　　请思考:

　　1. 上述情境中,护士怎么做更好?

　　2. 面对综合性医院里不同病情、不同需求的患者,护士应如何注意自己的言谈举止?

　　综合性医院是现代社会中不可或缺的基本单位,护士是其中一支不可或缺的重要力量。在医院里护士承担着护理患者、提供医疗服务、传播健康知识等多项重要任务,是与患者日常接触最为紧密的医疗人员。一名合格的护士,不仅需要具备专业的医学知识和技能,更需要具备一定的礼仪素养。护士的职业礼仪不仅能够体现其所在医疗机构的品牌形象,更直接关系到患者的就医体验和治疗效果。一个懂礼仪的护士不仅能够给患者带来安全、舒适的照顾,还能够增加患者对医院的信任和满意度,提升医院的整体形象。

　　综合性医院护理礼仪涉及护士的仪表容貌、语言沟通、行为举止等多个方面,要求护士在工作中始终保持专业、温情、细致的态度。同时,在不同的部门,具有不同的关注要点及注意事项。

第一节　门诊护理礼仪

　　门诊作为一家医院的"窗口"部门,往往是患者与医护人员接触的第一站。依据心理学家汤姆·哈特提出的"第一眼效应",一个人在见到另一个人的第一眼,就已经决定了自己是否能够信任对方。因此,人们往往会通过在门诊的就医体验来衡量一家医院服务质量的高低。门诊护理人员的工作态度、礼仪修养,往往也是医院形象的直接体现。

患者到医院就医,客观上就存在一种被动、祈求的心理,加上疾病缠身,又面对医院陌生的环境,难免产生孤独感和恐惧感,很自然地就加重了依赖心理。此时患者迫切希望得到医护人员的理解、同情和关心,因而他们对医护人员的言和行,甚至面部表情都非常敏感。因此,门诊护理人员礼貌周到的工作态度,文明端庄的仪表等,就成了抚慰患者的良方,成为解除患者心理恐惧的重要因素。基于此,门诊护理人员在接待患者时应注意以下几个方面。

一、掌握门诊患者的心理

来门诊就诊的患者,因为罹患疾病,往往存在一定的病耻感和疾病不确定感,存在自卑、消极、恐惧、焦虑等心理,表现为愁眉不展、坐立不安,且都存在想要急切见到医生的心理。但凡事都要遵守社会秩序,讲究先来后到。护理人员要保持公正的态度,理解并掌握患者及家属的心理,才能维持好就诊秩序。部分患者及家属往往会因为感觉候诊的时间过长,产生不耐烦的情绪,要求立即采取措施或请求帮助;同时还希望得到高龄名医为其诊断,存在认为高龄医生一定更有经验、技术水平一定更高等这样的认知误区。护理人员要及时发现,安抚其不良情绪,嘱其耐心等待,同时纠正其错误认知,并进行正确的引导。

二、接待门诊患者护理礼仪

(一)仪表端庄得体

护士应保持工作服清洁平整、无污渍、无缺损,梳妆整齐、短发不过肩、长发须盘髻,佩戴的胸牌清晰、端正,做到衣冠整齐,给患者以端庄、大方的感觉,从而也给患者留下良好的第一印象。

(二)语言文明亲切

门诊护士与患者接触时要做到语言文明、态度诚恳。说话态度和蔼、亲切,语气声调柔和、悦耳,这有利于融洽护患关系,增加患者的亲切感,消除患者对医院的恐惧心理。使用人性化服务语言,注重"四性",即礼貌性、解释性、安慰性、保护性。做到"请"字开头,"谢"字结尾,不用"不知道""不懂""自己找"等话语。对患者做到来时有迎声,问时有答声,走时有送声。

（三）表情和蔼热情

护士与患者接触时，表情、眼神应当和蔼亲切，面带笑容，表达出对患者由衷的关爱之情。如表现出理解的微笑，患者感到的是战胜疾病的信心；表现出热情的微笑，患者感受到的是热忱和责任心；表现出乐观的情绪，患者则感受到的是温暖。

（四）举止端正规范

护士的行为举止，包括护士站、坐、行、蹲的姿态。接诊患者时举止要端正、规范，体现护理人员广博的专业知识和精湛的操作技能。

（五）观察细致，沟通及时

门诊护士应善于观察，思维敏捷，并有较强的综合分析能力和沟通能力。通过观察、分析、沟通，及时有效地为患者解决问题。门诊经常会遇到一些突发事件，门诊护士应沉着冷静、忙而不乱，准确地做好各项工作。

三、治疗中的护理礼仪

门诊通常还承担一部分患者的治疗工作，这些治疗多有短暂和半开放性的特点，因此护士在患者治疗过程中尤其要遵守服务规范，体现专业及人文关怀。

（一）治疗操作符合礼仪要求

进行治疗前应礼貌地对患者做一些关于治疗措施的科学解释，要充分尊重患者的知情权，让患者了解治疗措施的意义。进行操作时既要严格执行操作规程，又要做到动作轻柔，神情专注，态度和蔼。在患者治疗结束离去前，除了进行必须的医嘱交代，还须礼貌关心地嘱咐患者注意保重身体，给患者留下急需帮助时的联系方式，把患者送到诊室门外。

（二）健康知识宣教时的礼仪

随着人们对健康的需求不断提高，向患者宣传健康知识已经成为护理工作中必不可少的一部分。门诊护士应抓住患者就诊的时机，通过使用各种宣教手段如电视、宣传手册、健康宣教板报等，采用集体讲授或个体咨询等方法向患者宣传防病治病的基本知识，提高人们的健康保健意识。在进行健康宣教时，应首先对宣教对象进行一定的评估，选择合适的主题、合适的时机、合适的途径进行宣教。如针对老年患者，可以选择在其等候检查结果复诊时，使用较大字体的宣传手册，耐心向其讲解，并在讲解完毕后，询问其是否理解，耐心回答其疑问,反复讲解,直到患者知晓掌握;而针对较为年轻的患者,特别是在工作时间请假就诊者,因其时间较为有限,可以采取集中讲解,或推荐相应的科普推文、科普小视频等相应多媒体宣教材料,让其自行学习,强化记忆,切忌不顾患者自身意愿,强行宣教,而引起患者的不悦。同时选择主题的时候,凡是涉及患者隐私,或者较为敏感的话题,应注意选择个体咨询的方式,在较为私密的环境下进行,以保护患者的自尊。

> **知识窗**
>
> **言谈中身体语言的含义**
>
> 保持微笑。微笑让人感到友好,不能眼睛直勾勾地盯着说话人。
>
> 点头。点头表示同意,是一种及时的反馈。不理解说话内容时不要随意地点头。
>
> 经常眨眼。经常眨眼表示有兴趣。如果停止眨眼,瞪着对方,表示不耐烦。

第二节　急诊护理礼仪

在医疗领域中,急诊护士是负责在最紧急情况下提供护理支持和救治的重要角色,是保障医疗护理质量和患者安全的重要一环。急诊护士需要面对各种突发状况,在这个过程中,良好的礼仪和职业态度显得尤为重要。它不仅体现了护士的专业素养和职业操守,更是护士对待护理工作、患者和生命的高度尊重和责任感的体现。通过掌握良好的急诊护理礼仪,护士可以为患者提供更优质、安全和人性化的护理服务。急诊护士礼仪不仅仅是一种仪式感,更体现了护士对患者的尊重、关怀和专业。这种礼仪不仅是一种行为准则,更是一种职业素养和态度的展现。基于此,急诊护理人员在接待患者时应注意以下几个方面。

一、掌握急诊患者的心理

急诊患者的特点主要是发病急、病情重,急需抢救处理。急诊护士应当掌握急诊患者与普通患者不同病情特点和心理特征,以便在抢救治疗中更有效地进行救治工作。急诊患者有以下几种常见的心理特征。

(一)焦虑心理

恐慌不安、焦虑等是急症患者常见的心理状态,高热患者、休克患者就常见这种情况。

(二)惧怕心理

由于发病突然(如各种外伤、大出血、剧烈疼痛等),患者往往缺乏心理准备,对突如其来的病情感到非常恐惧,惧怕死亡。惧怕由于疾病而失去原有的正常生活,害怕诊断不准确而被贻误等。

(三)依赖心理

突然的伤病造成患者行为、情感变化,出现"返童"现象。如患者因疼痛、发热而呻吟、辗转,甚至大声哭喊等。

(四)麻木心理

有些患者患急病后,觉得事已至此,只能听天由命,完全听任医务人员和家属的安排,对病情和治疗结果持无可奈何的态度。

面对患者的各种心理状态,护士应懂得有针对性地采取措施,适时、恰当地给予安慰和治疗。值得一提的是,理解急诊患者心理的核心与前提是尊重。在医疗环境中,急诊护士需要尊重每一位患者的个体差异、隐私权和尊严。无论患者的文化背景、宗教信仰还是社会地位如何,护士都应该给予他们同等的尊重和关注,真诚地倾听他们的需求和感受。通过尊重患者,急诊护士可以与患者建立起良好的信任关系,帮助患者更好地接受治疗和护理。

二、接待急诊患者护理礼仪

(一)塑造从容有礼的护士形象

急诊护士是患者就诊时最先接触到的医务工作者,其良好的综合素质,自然大方、端庄得体的仪表,始终保持急而不慌、忙而不乱、从容礼貌的工作态度,往往带给患者信赖和安全感,能唤起患者对生命的向往和救治疾病的信心,并能稳定家属的情绪,争取得到更好的配合,有利于进一步的救护。在急诊科这样一个危重患者多,家属焦虑不安的环境中,从容有礼的护士形象就显得尤为重要。

（二）掌控环境积极开展救治

对急诊患者的接待虽要求紧张及时，但不可不顾礼节，应当做到急不失礼，忙中守节。急诊患者由于病情急、来势猛，缺乏心理准备，而表现得情绪紧张、惊恐不安。护理人员要针对这些情况，在紧张环境中有条不紊地进行救治工作，同时给患者和家属以必要的、适当的安慰和解释，晓以利弊，尽快使患者和家属消除紧张情绪，以利于进一步对病情做出处理。对病情有个大致的了解后，即迅速对伤病员进行必要的救治处理。救治工作的方法要正确，决策要果断，措施要得力，充分体现护理人员处理问题的针对性、及时性，增强患者对护理人员的信任度。

三、救治中的护理礼仪

急、危、重患者一旦入院，急需采取有效的救治措施。此时急诊护士就需要将平时学习、积累的知识和经验充分发挥出来，做到稳中求快，忙而不乱，尽快为抢救工作铺设绿色通道。

（1）急诊抢救应以生命为重。危重患者就诊之后，护士应该迅速地铺设绿色通道，在第一时间内进行各项急救措施，做到稳中求快，忙而不乱，以争取时间、抢救生命为第一要务。

（2）急诊护士用语应简单明确，急而不失礼。如"您好，您哪儿不舒服""您别着急，我会按医嘱给您输液"；输液后嘱咐患者"有什么不舒服请您随时和我联系，呼叫器在这里"，并把呼叫器的手柄放在患者随时能够拿到的地方。在抢救过程中，对一些病情稳定的患者，护士可以说："别紧张，您的生命体征已经平稳了。"

（3）在急诊就诊和抢救的过程中，护士要随时对患者做好沟通和安慰。急诊护士要对患者做好心理疏导工作，及时向患者解释和说明必要的治疗和措施，以及治疗处置后的效果，安抚患者的心理，缓解其紧张情绪。护士应充分理解家属的心情，要耐心解答家属提出的各种问题，对家属的过激言行，要冷静对待，以获得家属的理解和支持。

（4）急诊护士要有严格的时间观念。急诊是为了有效地抢救生命，对时间的要求非常严格，所以要当好急诊护士，平时一定要培养雷厉风行的干练作风，动作敏捷规范，判断情况准确，处理问题果断利落，言谈到位，同时语气要非常婉转。

知识窗

急诊专科护士认证起源

美国对专科护士资格认证开展较早,于20世纪三四十年代提出专科护士(clinical nurse specialist,CNS)的概念,美国护士协会(American Nurse Association,ANA)对其进行了概念界定:专科护士是指具有硕士或者博士学位,拥有丰富的临床实践经验,精通某一临床专科领域的知识和技能,已取得专科护士执照的注册护士。对急诊专科护士的定义目前尚无统一标准。美国急诊专科护士又称急诊执业护士(emergency nurse practitioners,ENP),是指完成了研究生课程教育和临床实践培养并取得专业资格认证,能直接为患者提供高质量护理服务的注册护士。

第三节　手术科室护理礼仪

手术室是医院手术科室的中枢。手术室护士工作特殊,地位重要,其任何差错都可能给手术带来不可挽回的后果。所以手术室护士必须严格要求自己,以最好的精神面貌,最佳的心理状态,最文明的工作态度,最高的效率和质量完成工作。

一、手术室护理礼仪

(一)术前护理礼仪

手术是一种创伤性的治疗手段,对患者也是一种极为严重的心理刺激,患者多表现出焦虑、恐惧和紧张的心理。护士不仅要协助医生进行手术治疗,而且要具备关心患者、尊重患者、文明礼貌的高尚职业道德,减轻手术对患者造成的不良心理影响,保证手术成功。

1. 术前心理疏导

需要手术的患者往往会出现焦虑、恐惧的心理。这种恐惧心理如果得不到缓解,将会影响其术中的配合和术后的效果,甚至可引起并发症。为此护士

要针对患者术前的心理特点给患者做详细的心理疏导工作,心理疏导时要注意以下内容

(1)与患者交谈要用亲切、平等的话语了解患者的心理和想法、生活习惯(吸烟史、饮酒史)、社会背景(职业、社会地位等)、性格爱好、接受手术的态度和对医疗护理工作的配合程度,引导患者说出自己对手术的看法、顾虑和要求,根据患者的具体情况因人施护,有针对性地给予恰当的说明和解释,给予患者激励和安慰,消除患者的不安心理,解除患者的顾虑,使患者对手术治疗做好充分的心理准备。

(2)交谈中要注意言谈的礼仪要求,用通俗易懂的语言温和缓慢地与患者交流沟通。选择好适宜的时间,交谈的时间不要过长,以不引起患者的紧张感和疲劳感为宜。交谈中避免说一些会引起患者不安的话语,如癌症、死亡等,也不必对手术过程进行过于详细的说明,以免增加患者的心理压力。

大多数患者,经过术前谈话,多能减轻心理负担,对手术能有较好的心理准备,对术后出现的痛苦多能忍耐,并能自觉地配合术后的治疗和护理工作。但也有一部分患者,虽然已经接受了手术,但对手术效果怀有不同程度的疑虑,对术后出现切口疼痛、功能障碍等症状缺乏足够的思想准备,加上手术本身的损伤,可能出现一些消极心理反应。因此,对手术患者的语言运用既要讲究临床医学语言的科学性,也要充分发挥礼貌语言的艺术性,调动患者的主观能动性,发挥语言的心理治疗作用。

2. 手术前签字谈话严谨科学

通常情况下,医护人员须在征得患者或其家属同意后才能进行手术。患者的承诺和签字说明两个问题:一是说明医务人员(院方)尊重患者对自身治疗的自主权,是对患者人格和权利的尊重;二是意味着患者及其家属对医护人员的信任,对手术治疗手段的认可,并愿意承担手术的一切后果和责任。因此术前签字谈话的内容和方式也是至关重要的。谈话中要注意以下两点。

(1)文明礼貌和严肃性。与患者谈话要有针对性,首先谈话的态度和方式要让患者和家属感受到医护人员的诚恳和礼貌,以及医护人员工作态度的科学严谨;既要让手术患者或其家属接受医生的意见,又要把可能发生的问题说明白,实事求是地向他们讲清楚手术治疗的意义。对一些新开展的手术,医

务人员要向患者讲清手术的原理、方法和可能出现的问题，有时可请患者或其家属参加术前讨论会，让其意识到医务人员是对其负责的，从而减少其顾虑和不安，能够舒畅坦然地接受手术。术前谈话注意不要主观片面，只挑好的说，或只强调患者的责任，而应当全面客观地讲清情况，让患者和家属心中有数，同时也为自己留有余地，千万不能因用词不当引起误会，埋下医患纠纷的隐患。

（2）敢于承担责任和风险。医护人员应当信守职业道德，具备宽广的胸怀，强大的责任感、使命感，勇于承担属于自己的工作责任。护士不能把患者及其家属的签字当作推卸责任的凭据，不能认为有了签字，就可以不承担风险，不承担手术的任何责任。如果因自己的工作失误出现差错、事故，以患者签字来推卸责任是不允许的，也是不道德的。

（二）术中工作礼仪

手术给患者带来的心理压力是巨大的。在手术过程中，医护人员除认真仔细地开展手术外，应尽量避免做出一些无关的言行，举止要沉着、从容，不要加重患者的心理负担。

1. 待患者如亲人

护士对待每一位患者，无论其年龄长幼、地位高低，都应像对待自己的亲人一样，始终以高度的责任心照顾手术患者。如护士推着或扶着患者进入手术间时，可边走边向患者介绍手术间的布局、设备，以打消患者对手术室的恐惧感。进入手术间后，将患者扶到手术床上，轻柔、带有保护式地帮助患者摆麻醉体位，同时向患者介绍正确体位对手术、麻醉及对预防术后并发症的重要性，尽力满足患者的要求。护士应以亲切、鼓励的话安慰患者，如"请放心，我在这儿"等。当手术将要结束，患者进入麻醉苏醒期时，护士先来到患者耳边，小声而亲切地呼唤患者的名字，轻声对患者说"×先生（女士、小朋友）您醒醒，手术已经做完了，您不痛吧"，促使患者早些苏醒过来。

2. 术中言谈举止要谨慎

手术中，由于麻醉方式不同，患者的心理反应也不同。在非全身麻醉的手术中，患者对医护人员的言谈很留心，对器械的撞击声和自我体验都非常敏感。所以参加手术的医护人员，除认真严肃地进行手术外，还要尽量做到举止沉着，不要在非全身麻醉患者面前露出惊讶、可惜、无可奈何等表情，以免患者受到不良的暗示，造成心理负担。

手术中，医护人员应尽可能减少交谈，更不要讲容易引起患者误会的话，如"糟了""血止不住""错了"等，因为非全身麻醉的患者，对医务人员的一举一动、一言一行都非常关注，如果术后发生一些不良情况时，患者常会把手术中听到的只言片语和当时的情景联系起来，误认为这是造成问题的原因所在。

(三) 术后工作礼仪

手术完毕，并不是治疗的终结，许多病情变化都发生在术后。关心、重视术后患者的病情，及时发现问题，对保证患者生命安全是十分重要的。

1. 术后对患者的鼓励和安慰

术后患者身体弱，又因切口的疼痛，往往情绪烦躁，心境不佳，护士要体谅患者的心情，关心爱护患者，除了通过用药物和心理暗示法减轻患者的痛苦，还应细心地照顾好患者，鼓励患者进行适当的活动，减少并发症的发生，促进切口愈合等。例如手术结束后，护士将患者送入病房，将患者安置在病床上后，认真同病房护士交接，并告知家属注意体位、保温、输液等，然后，以温和的态度告诉患者手术一切顺利，术后效果良好，表扬患者战胜恐惧、配合手术，使手术圆满成功，鼓励患者继续配合病房护士做好术后的护理工作，并祝患者早日康复。

2. 严密观察、正确指导

护士还要密切观察患者术后的情况，关心患者，耐心细致地与患者或家属交流、询问病情和术后情况，直到其病情平稳。手术后的患者常会伴随一些不适症状，对此要耐心、科学地给患者、家属解释病情及注意事项，争取得到患者、家属的理解和配合，让患者认识到术后病情是逐渐好转的，以增强患者的信心。

患者适当的活动对病情康复是很重要的，护士应正确地指导患者的术后活动。如鼓励肺部手术后的患者多咳嗽、咳痰，保持呼吸道通畅；腹部手术后的患者要适当走动，以利于血液循环，促进康复；骨科手术后的患者要保持功能位，加强功能锻炼；颈部手术后的患者要防止大出血，影响呼吸等。这些工作不仅需要护理人员的口头嘱咐，还需要他们在具体操作上给予患者示范指导，协助患者活动，要求护士在开展工作时不仅要使礼仪关爱之情溢于言表，还应付诸行动，使患者得到优质的护理服务。

阅读角

哪里有伤员，白求恩就出现在哪里

1938年初，加拿大著名的胸外科专家白求恩大夫来到中国。他不仅带来了大批药品、显微镜、X射线镜和一套手术器械，最可宝贵的是，他带来了高超的医疗技术、惊人的组织能力和对中国革命战争事业的无限的热忱。在晋察冀的一次战斗中，他曾经连续69个小时为115名伤员动了手术。他的手术台，曾经安在离前线两千五百米的村中小庙里，大炮和机关枪在平原上咆哮着，敌人的炮弹落在手术室后面，爆炸开来，震得小庙上的瓦片格格地响。白求恩大夫却在小庙里紧张地做着手术。他不肯转移，他说："离火线远了，伤员到达的时间会延长，死亡率就会增高。战士在火线上都不怕危险，我们怕什么危险！"两天两夜，他一直在手术台上工作着，直到战斗结束。

二、麻醉科护理礼仪

目前，健康观念的更新、麻醉药物用途的延伸、生命急救技术的现代化带来的许多伦理道德、社会法律问题的变化，对麻醉专科护士提出了更高的要求。麻醉专科护士不仅需要具备深厚的自然科学基础、广博的人文社会科学知识、过硬的护理专业理论与操作技术能力、扎实的麻醉专科护理知识与技术，还需要具有良好的人际沟通与协作能力和自我发展能力。

麻醉专科护士更要注重自身的礼仪形象，要礼从心来，工作聚精会神，讲话轻声细语，动作轻盈利落，语气亲切柔和，坚持微笑服务，注重礼貌用语。在麻醉科复杂的工作环境中，护士规范的礼仪护理服务可以缓解患者的焦躁情绪，对于麻醉的成功实施尤为重要。

（一）接诊礼仪

1. 人性化服务

患者在麻醉科是被动接受的角色，很多患者都会显得焦虑、急躁、害怕和恐惧，如临近手术期时，患者可能会出现睡眠不佳、食欲减退等护理问题，导致生活自理能力进一步发生退化。所以，对待患者，麻醉科的护士应以人性化服务为理念,了解患者身心方面的需求及心理活动,尊重和满足患者的基本需求和期望,并做自我介绍,与患者相互沟通,减轻患者的焦躁情绪,同时通过对患者及家属的健康教育,护士将麻醉和手术的相关信息传递给患者,使其正确认识麻醉和手术目的,让患者了解应如何与医务人员配合手术,摆脱思想负担,以及对麻醉和手术的恐惧,消除思想顾虑,使其能积极配合治疗,以最佳状态接受手术。

2. 认真核对患者信息

麻醉科护士在接诊患者时应严格核对患者的个人信息如姓名、性别、年龄、体重、诊断等,对患者进行询问时,应耐心细致地了解其既往史、家族史和过敏史,确认患者的生命体征、各种体格检查有无异常及皮肤有无破损、感染,并认真、全面地查看术前用药等。

3. 注意保护患者隐私

麻醉科护士在接诊时要注意保护患者的隐私,对患者进行必要的询问时,不要追问与麻醉无关的信息。言语交流的内容要简洁明了、通俗易懂,尽量少用专业词汇。讲话的速度要适中,对听力不佳的老年人,可适当提高声调,放慢讲话速度,必要时将信息内容进行复述或书面书写。

(二)麻醉科护理工作中的礼仪

麻醉的实施虽以减轻术中疼痛和提高术后的生活质量为目的,然而对患者而言却是一种应激源,常常导致患者产生强烈的生理和心理的应激反应。麻醉科护士规范的礼仪服务可以很好地消除患者的应激状态,避免意外的发生。

1. 访视时的注意事项

访视时帮助患者做好心理准备,减轻患者对手术和麻醉的担忧和恐惧感,使其建立配合手术治疗、促进康复的信心。访视患者的时间最好避开患者进食和治疗时间,一般不宜超过 5 分钟,以不引起患者的紧张感和疲劳感为宜。交流时正视患者,用通俗易懂的语言缓慢与其交谈。护士对自己不知道或不明白的事,不要含糊回答。避免使用引起患者不安的语言,如癌症、死亡等。不要对麻醉和手术过程做太过详细的说明。

2. 麻醉实施过程中的护理礼仪

(1)麻醉中护士尽可能地短时间、小范围暴露患者身体,以保护患者的自尊和隐私。

（2）在麻醉实施过程中，患者会感到自己丧失了自尊，面对众多穿着手术服的医务人员和烦琐的麻醉过程，患者往往会产生严重的焦虑和恐惧情绪，因此麻醉科护士在护理工作中一定要多方面呵护患者，尽可能不让患者受到任何刺激和干扰。例如保证患者身体舒适感，根据麻醉体位、时间长短，身体各部位配用厚薄不一的衬垫；天冷使用空调机时，使室温保持在 26℃左右；患者嘴唇干燥时用湿棉签湿润其口；对恐惧的患者用手抚摸他们的面部或握住他们的手，尽可能消除其恐慌心理。最好不要让患者看见麻醉和手术的准备过程，也不要让走廊里有嘈杂声惊扰患者。给患者使用安全带时，告知其是为了保障安全，以防肢体不自主乱动。

（3）在麻醉发生意外、患者惊恐和高声呼喊时，麻醉师要冷静进行恰当的处置，严格执行保护性医疗制度，在患者面前，对患者的病情、麻醉情况、手术效果、手术并发症等不予议论。

（4）大部分患者会关注麻醉时间的长短。麻醉时间的长短因个体差异和环境因素具有不确定性。护士要对患者的此种心情表示理解，可以告知其大概的时间段，同时也要让其理解特殊情况的存在，而对于较难估计时间的，可回避这个问题，只告知其因个体差异会有所不同即可。

（三）复苏后护送患者回病区后的礼仪

麻醉专科护士在手术结束患者清醒后，须把患者稳妥地送回病房，告知手术顺利结束。在回到病区后，护士的工作并没有结束，而要进一步完善护理工作，做到有始有终。

1. 适当陪护和探视，提高患者心理舒适度

护送患者回至病房后，麻醉护士应继续陪护患者，这样既可以满足患者的归属感，也可以继续观察患者术后的生命体征和身体状况，如出现并发症或意外情况，可以在第一时间内发现并及时处理。在患者生命体征平稳的情况下，在手术两天后可允许其亲友、同事探视。探视者应以患者的病情作为谈话主题，使患者在保证环境安静的条件下得到安慰和鼓励。

2. 创造良好的康复环境

良好的康复环境是指社会环境与自然环境。在社会环境方面，除了让患者熟悉医护人员，还应向他们介绍病友，促进病友间的交流，同时做好家属、亲友和患者单位的工作，多方配合，以解除患者的后顾之忧。在自然环境方面，宜幽静、舒适，创造良好的休养环境也是心理护理的重要措施。

第四节 病区护理礼仪

在医院病区,护士是患者最直接、最密切接触的医护人员,他们的专业素养和人文关怀对患者的康复至关重要。病区护理礼仪不仅体现了医护人员的职业素养,更彰显了对患者的尊重和关爱。遵循良好的护理礼仪,不仅可以提高患者的满意度和治疗效果,也能有效展现医院的形象和价值观。因此病房护士必须具备优良的职业道德和礼仪修养,能善解人意,礼待患者,使患者能安心住院治疗,树立战胜疾病的信心。

知识窗

病区护士职业要求

1. 尊重和关怀:病区护士需要对每一位患者都保持尊重和关怀的态度。

2. 沟通与倾听:与患者、家属,以及其他医护人员之间的有效沟通至关重要。

3. 专业形象:病区护士应该保持外表的整洁和专业形象。

4. 隐私保护:维护患者的隐私权是病区护士的职责之一。

5. 团队合作:病区护士需要与医生、其他护士、治疗师等各个医护人员合作,共同为患者提供全面的护理服务。

6. 安全意识:病区护士需要严格遵守医疗安全规范,确保患者接受的护理过程是安全的。

一、患者入院时的护理礼仪

患者进入一个新的环境,心理敏感且脆弱,非常希望得到医生、护士的重视。因此护士要多关心新入院患者,多与患者沟通,热情接待,体贴关怀,使患者感受到亲切和温暖,尽快适应新的环境。

(一)办理住院手续

患者需住院治疗时,护士首先应礼貌地指导患者或家属持住院证办理住院手续,如填写登记表格、缴纳住院押金等。由于患者对医院的制度、环境往往是陌生的,而且此时心情也比较焦虑,在办理住院手续的过程中可能会表现得不知所措或急躁不耐烦,此时,护士一定要耐心、细致地指导患者。在此过程中,一定要注意语气和措辞,尽可能多用"……可以吗?""请……""谢谢""为了您……"等征求性的语句,避免使用命令式的语言及语气,使患者逐渐适应角色。

(二)护送患者进入病房

护送患者进入病房时,要热情地关心患者,主动与患者交流沟通,以便尽可能了解掌握患者更多的疾病信息,解决他们的实际困难。对能步行者可辅助其步行,对不能行走或病情危重者可用轮椅或平车护送,并根据病情采取必要的安全保护措施。运送时除随时观察病情变化外,还要根据病情使患者处于正确的体位;寒冷季节应注意对患者进行保暖;对输液、吸氧的患者,要保持各种管道通畅;进入病房后要详细地与病房护士进行交接。

 课堂讨论

患者住院期间,护士面对不同科室的患者,应如何因人施护呢?

二、患者住院期间的护理礼仪

在护理工作中,护士的行为举止直接影响着患者的治疗效果,因而要求护士进行护理活动时严格遵循护理礼仪规范,以及各项护理操作规范。护士理解患者越深入,越容易建立良好的护患关系。由于不同病房针对不同病种的患者,因此,不同病房的护士须遵循的护理礼仪也有所区别。

(一)内科护理礼仪

内科护理工作特点:住院时间相对较长;中老年患者较多;反复住院者较多;治疗用药复杂;护理工作较繁重。

(1)内科疾病病程较长,患者易出现急躁、悲观等不良情绪,这些负面情绪严重影响疾病康复。因此,护理人员要掌握患者的心理状态,做好个性化的心理疏导,创造安静优雅的休养环境,如可以让患者欣赏音乐、看电视、听广播,转移注意力。此外,可通过介绍治疗成功的案例增强患者战胜疾病的信心。

(2)尊重老年患者,细心观察。内科患者中,老年患者占比较大。老年患者的心理特点表现为对病情悲观,存在无价值感和孤独感。因此,对老年患者要特别关照,在不违反治疗、护理原则的情况下,尽量照顾他们的习惯,使他们有一个良好的心态,愉快地接受治疗和护理。在照顾内科患者时,要注意内科疾病病因复杂,病情变化也非常微妙,有些疾病表面上看上去很平静,但随时都可能发生变化,甚至危及生命。因此,护理人员要有高度的责任感、扎实的理论知识、丰富的临床经验和敏锐的观察力,要经常深入病房,及时发现问题,保证患者安全。

(3) 做好健康教育工作。因为慢性病在内科疾病中最多见,住院治疗只是疾病治疗过程中的一个阶段,出院后仍须继续用药治疗和康复护理,所以有必要教患者学会自我护理和自我照顾。内科护士要向患者介绍疾病发生的原因,目前治疗的方法,有关用药及饮食、锻炼需要注意的问题,教会其如何自我监测病情,鼓励患者参与治疗、护理讨论和方案的制订等,这样可以充分调动患者的积极性,融洽护患关系,提高护理质量。

(二) 外科护理礼仪

外科护理工作特点:专业性较强,手术是治疗外科疾病的主要方法;急诊患者病情急、变化快、病情观察要求高;护理工作量大,工作任务繁重。

(1) 做好术前安抚工作。无论要实施何种手术,均可使患者及家属产生恐惧和焦虑等心理问题。护士应根据不同情况,进行科学合理的术前教育,鼓励患者倾诉自己的担心,多介绍一些手术治愈的实例,以缓解患者和家属的焦虑情绪,保证手术的顺利进行。

(2) 做好术中工作礼仪。手术中医护人员的言行可引起患者微妙的心理变化,所以应尽量不谈与手术无关的话题,多关心询问患者,使患者产生安全感。当患者从麻醉中醒来,渴望知道自己疾病的真实情况和手术效果时,医护人员应以温和的语言告知,稳定患者情绪,并进行积极引导。

(3) 正确引导患者术后康复。患者手术后常出现一些不适症状(如疼痛、腹胀、排尿困难等),要科学、合理地给患者及家属进行讲解,使他们认识到术后的恢复需要一个过程,从而得到理解和配合。引导患者术后进行适当活动,有效地预防术后各种并发症。

(三) 妇产科护理工作礼仪

妇产科护理工作特点:妇科多为需要手术治疗的患者,以中年女性为主,具有外科工作的特点;产科多为正常或异常妊娠及分娩者,以年轻女性为主。

妇产科护士要注意尊重患者隐私，平等对待患者。由于妇产科疾病发病部位的特殊性，对于不愿意公开病情的患者，护理人员一定要遵守保密制度，尊重患者的隐私权，绝不能随便议论个人隐私，不歧视，不使用伤害性语言，要充分了解患者心理活动，平等对待患者。切忌歧视性病患者、未婚先孕女性等，要给予她们更多的帮助，使她们感受到温暖。

阅读角

表达方法对治病的影响

一位肺癌患者的妻子将其病理报告单给医生看，并询问还能活多久，医生看后说："两年后的死亡率是90%。"妻子听后愁容满面，丈夫看到这种情景，要求出院。几天后另一位医生劝解夫妻二人，说："两年后有10%的患者还活着，到那时可能有新的医学技术出现，生命可能还会延长，建议好好治疗吧！"夫妻二人不再要求出院。

以上两位医生的意思是一样的，给听者的感受却不同，前者给患者判了"死缓"，而后者给了患者活下去的"曙光"。医生与护士若能把消极的话赋予积极的含义，才是真正地爱护、关心患者。

三、患者出院时的护理礼仪

住院患者通过治疗恢复健康或因其他原因需要离开医院时，护士须做好患者出院前的各项工作。

（一）真诚地祝贺出院

对于即将出院的患者，护士应首先对其康复由衷地表示祝贺，感谢患者在住院期间对医院工作的支持和理解，然后征求患者对护理工作的意见和建议。如有患者对护理工作不满意，护士一定要虚心接受其批评，并对护理工作中的不足之处表示歉意。

（二）做好出院指导

患者出院时，责任护士要做好出院指导。指导和帮助患者办理出院手续，耐心指导其出院后如何在家服药，如何学会照顾自己的饮食起居，如何进行康复锻炼；对于需要复查的患者，告知复查时间，以及出院后的注意事项。

（三）礼貌送别

当患者出院手续办理完毕后，责任护士应送出一段距离，一般可送至病区门口等患者走出视线；或送至电梯口待电梯门关闭后离开；有条件的医院可使用本院的专用车护送患者，或者征求患者意见后为患者叫出租车。道别时一般不说"再见"，可以用"记得按时复诊""记得按时吃药"等代替。

一、实训目标

1. 护士在工作中学会注意自身的仪容仪表、言谈举止，运用规范的护理礼仪，与护理对象建立良好的关系，并取得患者及家属的信任。

2. 学生通过角色扮演，深刻体会在护理工作中礼仪的重要性。

二、训练内容与方法

快下班了，张护士下班心切，心想反正都快下班了，就将护士帽摘了，鞋也换了，就等接班护士来了。这时一位高龄患者因脑出血昏迷伴呕吐收治入院。三位家属神色慌张地将其抬到护士站。小张很不高兴地说："抬到病房去呀，护士站怎么治疗？"小张虽然不高兴，但还是带领家人将患者抬到了病房，也配合医生积极治疗。患者家属在旁边抽烟，影响到了医生治疗。小张对患者家属吼道："这里不许抽烟，要抽出去抽！"此时，一位家属突然冲到小张面前喊道："你怎么当护士的？有你这么说话的吗？出门看天色，进门还看脸色！瞧你那样，到你科室来，就没给过好脸色！"

如果你是张护士的同事，看到这一场景，你该如何去和患者沟通？

班级学生分成若干个小组，扮演护士、患者及家属进行情景模拟演练。学生讨论，谈感受及体会，教师对学生进行指导、点评。

三、训练评价

教师对每组学生的模拟进行点评并打出相应成绩（分别为优秀、良好、合格、不合格）。最后分析总结，对于表现好的学生提出表扬。

说明：评分总分为 100 分，优秀（90～100 分）；良好（80～89 分）；合格（60～79 分）；不合格（60 分以下）。

练 一 练

第五章参考答案

一、单选题

1. 护生参加交接班时,下列不妥当的是(　　　)。

    A. 保持发型整洁和衣帽整齐　　　　B. 保持良好的精神面貌

    C. 在交接班时整理衣帽　　　　　　D. 对其他同事表示尊重

2. 给患者送"住院一日清单"时,应采取的恰当方法是(　　　)。

    A. 放到患者床旁桌上

    B. 放在患者枕头边上

    C. 双手递给患者

    D. 双手递给患者,字面朝向患者,并伴随语言交流

3. 护生陪同患者乘坐无人值守的电梯到一楼做检查,护生应当(　　　)。

    A. 先进、先出　　　B. 先进、后出　　　C. 后进、后出　　　D. 后进、先出

4. 护生准备一个静脉输液治疗盘,到病房为患者输液,下列行为中不恰当是(　　　)。

    A. 应携带治疗车,进入病房前先敲门

    B. 退出房间时,护生面朝房间内

    C. 不用携带治疗车,用脚轻轻推开房门

    D. 回身,用手轻轻关门

5. 3号病床,张女士,30岁,教师。12月25日,8:20,实习护生为其进行静脉输液,其操作前正确的交流方式是(　　　)。

    A. 您是张老师吗?(待回答)您好,该输液了(查看床头卡),我看一下您的腕带好吗?(查看后)您要不要去卫生间呢?

    B. (带教老师随同,查看床头卡)请问您叫什么名字?(待回答)您好,张老师该输液了。我看一下您的手腕带好吗?(查看后)您要不要去卫生间呢?

    C. (带教老师随同)您好,张老师!今天气色好多了。开始输液吧?

    D. 3床,张老师,您好,该输液了,您准备一下吧!

6. 护生刚到门诊做导医工作,有一老年患者问道:"感染科病房怎么走呢?"护生答道:"对不起,我还不知道。左边是感染科门诊,您到那里问问!"从服

务礼仪上看,护生的回答存在的主要问题是(　　)。

　　A. 对医院布局不清楚,服务不到位　　B. 没有尊称患者

　　C. 没有引领患者到感染门诊　　　　D. 没有嘱咐患者看指示牌

7. 80 多岁男性就诊时,导医护生对其最恰当的问话是(　　)。

　　A. 先生,您好　　　　　　　　　　B. 先生,您哪里不舒服呢

　　C. 您要看哪个科的病呢　　　　　　D. 您好,爷爷,您想看什么病呢

二、思考题

　　患者,王晓亮,男,18 岁,头痛待查。入院后大约 10 分钟,患者母亲一边拍着护士站的桌子一边骂道:"我儿子头痛好几天了,住进来这么长时间,也看不见你们医生的影子,你们到底有没有人管,再没有人管我就找你们院长去!"遇到这样的患者家属,如果你是责任护士,你如何平复她的情绪?

学习目标

1. 掌握与患儿及家长沟通的技巧。

2. 能在儿童医院护理工作中灵活运用沟通技巧。

3. 熟悉儿童心理特点,掌握儿童预防接种的沟通技巧。

4. 掌握儿童医院门(急)诊、出入院护患沟通中的倡导用语及禁忌用语。

6. 能在儿童医院护理工作中把握礼仪原则,运用所学的沟通技巧提升护理服务能力。

 学习内容

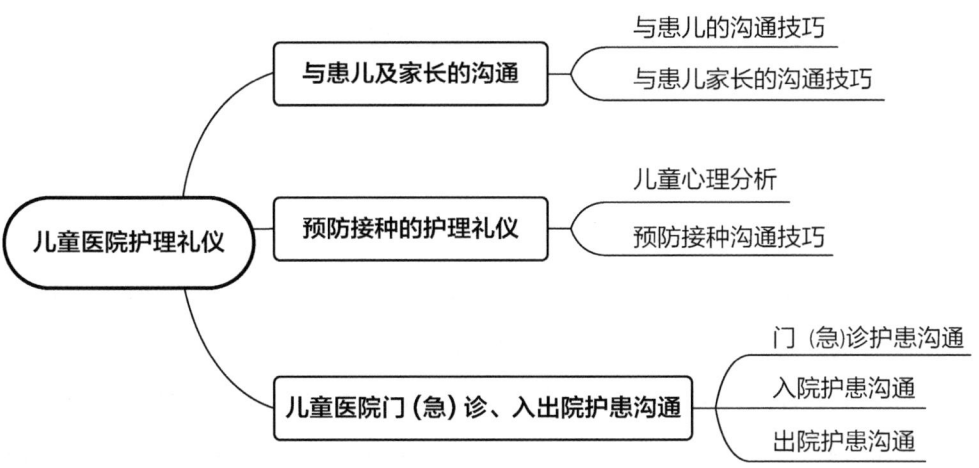

情境导入

患儿家属呼叫护士说:"液体快输完了。"护士进入病房看了一眼液体,一句话也没说扭头就走了,去治疗室为患儿配置液体,配好后给患儿更换了液体,患儿家属却不高兴。

请思考:请分析原因,并说明应如何处理。

第一节　与患儿及家长的沟通

近年来,医疗纠纷数量不断增加,医患关系日趋紧张,医患矛盾呈现激化趋势,特别是儿童医院的医患矛盾是急需解决的问题。这与儿童医院收治患者的特殊性息息相关。患儿不善表达自己的病情及感受,家长格外紧张、焦虑,会对医护人员提出更高的要求。儿童医院的护患沟通,很大程度上是护士与家长的沟通和对他们的心理支持。

1989年世界医学教育联合会在《福冈宣言》中强调:"所有医生都必须学会交流和人际关系的技能;缺少共鸣(同情)应该与技术不够一样看作是无能力的表现。"儿童医院的医护人员不仅要对患儿的诊治负责,专业技术水平要过硬,更要不断提高同患儿及家长的沟通水平。而在日常护理工作中,沟通能力差,向家长解释不到位,穿刺技术不过硬是护患冲突的主要原因。护理人员应该学习掌握沟通的技巧和方法,通过换位思考与家长进行预见性的交流,适当赞美孩子,提高穿刺技术,用温柔的微笑、关切的眼神、和蔼的语言,来达到心灵上的沟通,使护患关系更加和谐。

一、与患儿的沟通技巧

(一)沟通的分类及概念

(1)语言式沟通,指使用语言、微笑、呻吟或喊叫的方式表达意愿,以达到沟通的目的。这种沟通方式适用于与能表达完整语义的儿童交流时使用。

(2)非语言式沟通,又称身体语言沟通,是指表达者应用自身姿态、动作、脸部表情、姿势改变,以及反应等进行沟通。这种沟通方式适用于与6岁之前的儿童交流时使用。

(3)抽象式沟通,指以游戏标志、照片、欣赏能力、衣着选择、绘画作品等形式表达意愿的沟通。这种沟通方式适合与年龄偏大的儿童交流时使用。

(二)沟通技巧

1. 语言沟通技巧

这种沟通方式一般适用于学龄前期及学龄期患儿,此期的孩子较活跃并且调皮,他们不会掩饰自己的病情,对周围的事物充满好奇感及新鲜感。护士应首先向患儿进行主动的介绍,先入为主,为其留下较好的第一印象,并取得初步的信任。在初次与患儿及家长见面时,护士一定要态度和蔼,语言友善,举止大方。在介绍环境的同时,要认真了解患儿的生活习惯、爱好,甚至是昵称,要充分体现出医护人员对患儿的友好及关爱。护士要根据患儿好动、活泼、情感表露直率、外显短暂而单纯、注意力易转移的特点,与之进行沟通。

护士接待住院患儿要主动热情,表情亲切自然,这样可缩短护患之间的心理距离,增加患儿的安全感和信任感。对患儿注意采用愉快鼓励的语言,微笑服务,配合优美的语言影响患儿。对患儿提出的问题要耐心解答,说服他们接受治疗。患儿因惧怕打针而不合作是儿童患者的普遍问题,也是儿科护理的一大难题,能否与患儿沟通好关系到我们工作的成败。打针前应告诉患儿打针没有想象中那么痛,会挑一个最小、最细的针轻轻扎。对于患儿的进步我们要及时加以肯定、表扬,称赞他们坚强,勇敢。

2. 非语言沟通技巧

这种沟通方式适用于语言能力较差,很难与其进行语言沟通的学龄前患儿。与他们接触时,护士要懂得换位思考,对于患儿的一些天真、夸大的想象应该采取诚恳的态度,应该表示理解与接受。必要时可以为患儿创造良好的环境,消除其陌生及恐惧的心理。护士要学会仔细观察患儿,能发现其脸部表情、身体姿势的微小变化,体会患儿的想法与思绪。无声的交流,和蔼友好的微笑,亲切轻柔的抚摸,温暖关怀的怀抱,都能够有效地拉近医护人员与患儿的感情距离,让患儿心灵上得到慰藉,从而增加患儿的安全感与舒适度。正如南丁格尔说过的那样:护理工作是一门艺术。护理工作究其本质是要掌握患者的心理,了解患者的心理需要。因此,沟通交流要从"心"开始,有时,心的交流甚至会胜过语言的传递。

其中,面部表情是非语言沟通最重要的组成部分,其他的身体语言无法与之相比。微笑服务可以缩短护患之间的距离,减少摩擦,增加家长对护士的信任感,但应该注意的是护士的表情应与所处的环境相一致,否则会产生相反的效果。护士对患儿的表情是以职业道德为基础的,亲切自然的表情和蔼可亲的笑容可使患儿产生平静、友善、愉快、安全之感,使患儿更好地配合治疗。

3. 抽象沟通技巧

适当的游戏或者绘画都可以快速有效地缩短医护人员与患儿的心理距离,促进相互之间的了解和交流,从而消除患儿的不良情绪,转移他们的恐惧心理。我们可以在病室墙壁上粘贴各式的卡通画,每个病房内放置几种玩具,病室外可设置一个小游乐场,在病情允许的情况下,让患儿游戏玩耍,使患儿消除恐惧与陌生感。

二、与患儿家长的沟通技巧

由于儿科患儿年龄的特殊性,患儿的家长成了护患沟通中不可缺少的桥梁,与患儿家长的沟通直接关系到患儿对医护人员的信任。护士应该多站在患儿家长的立场着想,多多体谅家长,做到尊重与倾听。

(一)常见的沟通障碍

1. 语言不适当

面对不同教育背景的患儿家长,需要采用不同的沟通方式。受教育水平稍低的患儿家长存在看不懂病历说明,质疑用药种类、用量和价格,怀疑护理患儿方法的正确性等问题;受教育水平较高的患儿家长,通常能够理解医师的病情说明,较好地配合护理人员护理患儿,但通常会对病情细节进行质疑,如果不能细致地与其进行沟通、缓解其疑虑,可能会造成患儿家属对医护人员的不信任,导致纠纷产生。语言的使用上,应该面对不同的家长选择不同的沟通方式,如面对不知道病情的患儿家长,护士表现出过于着急,会使家长对患儿的病情误判。

2. 行为沟通不及时

季节交替、高传染型病毒暴发,都可能导致儿童病例在一段时间内增多,使护理工作量加大,致使护理人员没有足够的时间去解释患儿家长的疑问,给患儿喂药、注射时缺乏耐心、细心,这会激化沟通的矛盾,增加护理工作的失误率。

3. 专业能力不强

对于交叉科室的患儿交接,护士如果对交接流程不够熟练,会导致患儿家长跑冤枉路。另外,患儿的诊疗费用计算错误,也会招致投诉,使患儿家长要求更换护理人员,甚至更换医院。护理专业能力不强,错误的护理工作方式,将透支患儿家长对护理工作的信任。

(二)常见的沟通技巧

1. 适应性地运用语言艺术

所谓适应性,就是针对不同的患儿家长要注意使用不同的语言表达方式,在不同场合和时间都有合理的表达方法。语言艺术不仅包括要注意说话的内容，还包括要注意说话的方式、方法。如：患儿患有急性腹泻，持续高烧，伴有哭闹，十几位患儿亲属焦急地询问护理人员患儿的体征。应对技巧是，护士要友善地平复患儿的情绪，随身带一块饼干、糖果，表现出对患儿的关切，让家长感受到护理人员对患儿的关心。与一群焦急的患儿亲属沟通时，一定要重点与患儿最亲近的人一对一沟通，解释患儿体征发展趋势、用药计划，以及辅助护理时的注意事项。对患儿家长应该使用"软性语言"，不必过多地交代详细病情，语言以患儿为中心展开，如"由于药物的特点，宝宝哭闹属于正常现象，不用太着急""大家应该给宝宝提供安静的休息环境"，切不可训斥患儿家长。在患儿面前交代护理情况时，可交替地抚慰患儿，然后向家长交代护理过程。

护士应做到避免大声说话，避免急速说话，避免没经过思考说话。当患儿家长提出非医疗范围的要求时，如"可以给我倒杯水吗""有纸巾吗""附近哪里有便宜的宾馆"，不应以不在护理专业工作范围内就拒绝回答，因为患儿家长的诉求得到积极、友善的回应将极大地帮助后期患儿的护理工作，提升工作效率。面对病危的患儿，对家长不应隐瞒病情，但也不可在非专业的情况下乱下结论，对病情乱加分析，如"宝宝病危了"，可变换说法为"宝宝虽然目前情况很严重，但是主治医师还在全力地进行抢救，接着还会进行专业会诊，请您放心，我们一定不会轻易放弃"。过于直白、简短的话，虽能提高工作效率，但会造成患儿家长一时难以接受，情绪失控，不利于使其配合治疗。面对医患纠纷，如家长采取过激行为，应严肃地告知"你这是违法行为"，或者平稳地说"请您给孩子做个榜样"，不应该退缩或软弱，否则将导致场面失控。情况发展严重，应立即汇报上级。

2. 注意行为方式

不仅语言，行为方式、方法的使用，也会在与患儿家长沟通过程中起到很大作用，一个搀扶的动作、一个拍肩膀的鼓励、一个真诚的眼神都会拉近与患儿家长的距离，增进情感，增加患儿及家长对护士的信赖，获得包容和理解，同时减少纠纷的发生。

行为分为直接行为和趋势行为。直接行为包括：与家长沟通时能够目光相对；同性家长沟通时能够给予抚摸和拥抱；对焦急的家长能够及时递上一杯热茶；对患儿的护理工作，特别是卫生护理工作能够轻巧、熟练。趋势行为指不会对某一个患儿和家长产生直接影响，而是通过自身的职业行为和风貌的改变来改变护理工作的沟通环境。如面带微笑地开展各项工作,站立时不要倚靠墙面,送药时要轻拿轻放,上下楼梯和电梯给予患儿或者患儿家长提供必要的帮助,不在工作台面上休息,护士服、帽、鞋应该穿戴规范等。这些趋势性的细节行为,能够营造一个专业、和善的沟通氛围。

3. 提高专业护理技术

与患儿家长接触时,除了语言及非语言的沟通方式,娴熟轻巧的操作也是增加信任的重要方式之一。护士娴熟的操作技术是维系沟通效果的纽带。做一名合格的护士,应使自己的各项技术操作娴熟、准确,操作中做到镇定自若、有条不紊,这样才会使家长在心理上接受治疗,理解和配合护理和治疗。

第二节 预防接种的护理礼仪

情境导入

　　李某,男,4 个月,汉族,注射百白破疫苗的次日,接种部位出现红肿,触之有硬结,并伴有低热。家长认为这是护士错误注射疫苗导致的,次日携带儿童前来质疑护士。接待护士解释为接种后正常不良反应,家长认为护士推卸责任,要求赔偿,情绪越来越激动,最终与护士发生肢体冲突,引发纠纷。

　　请思考: 如果你是接待护士当时会怎么做?

知识窗

　　计划免疫宣传日,也被称为“4.25”全国儿童预防接种宣传日。这个节日是为了响应世界卫生组织提出的扩大计划免疫规划,防治相应传染病的发生和流行,由国务院批准设立的,定于每年的 4 月 25 日。在这一天,各地会进行各种宣传活动,如分发关于计划免疫的宣传海报和手册,举办讲座,以及通过媒体合作进行宣传。这些活动旨在提高公众,特别是家长和儿童,对预防接种的认识和重视程度。

　　预防接种是保护儿童远离疾病最有效、最经济和最简便的手段,通过接种疫苗,大部分儿童感染流行传染病的概率大幅度降低。但接种时的疼痛、接种后的不良反应会使儿童产生抵触情绪,也对预防接种的推广造成一定阻碍。因此如何做好与家属、接种儿童的沟通,减少相互的不理解,是推动计划接种发展的重要工作。

一、儿童心理分析

　　儿童的心理呈现出差异性。婴儿不能用语言进行很好的表达,对母亲有强烈的依赖感,时刻处于寻找亲人的状态。年龄较小的儿童对于预防接种的护理人员有一种恐惧感,会产生不良的情绪,有的甚至会出现躲藏的现象。而学龄前儿童情绪较为稳定,自尊心较强,爱与工作人员沟通,且爱听表扬的话。

　　导致儿童对预防接种产生恐惧、抵触心理的原因主要有:① 耐受程度低。儿童对疼痛的耐受程度低,在接种时由于穿刺导致的疼痛,使其对接种产生抵触。② 对于年龄低,不能用语言进行表达的儿童,在接种时对陌生的接种人员会产生恐惧心理,极易导致哭闹。③ 由于儿童认知水平所限,不能理解接种的意义和作用,也会导致其对接种产生抗拒。

　　家长的心理特点:导致家长对接种不理解的主要原因有:① 认知所限,不能理解儿童在接种期间的抗拒心理。② 对于接种产生的不良反应认识不充分,因此产生误会,认为接种药物的质量有问题等。③ 由于接种的不良反应,对于再次接种产生抗拒。

二、预防接种沟通技巧

(一) 沟通的原则

　　与接种儿童进行沟通要掌握一定的技巧,不同于其他场合的沟通,要以尊重儿童为原则,给予儿童更多的情感关怀,赢得儿童的信任;并对儿童家长进行健康指导,使其对接种疫苗有全面的了解,并协助哄劝儿童,从而利于接种工作的顺利进行。在与儿童交流时应面带微笑,语气和蔼、态度温和,并富有同情心,从儿童的角度出发,进行有针对性的沟通。

(二) 沟通的基础

　　从事预防接种的护理人员应不断提高服务质量,提升自身的素质,熟练掌握操作技术,并不断学习与儿童的沟通技巧,这是沟通得以顺利进行的基础。

护士应具有高度的责任心和严谨的工作态度,并应守时,说话通情达理,工作认真负责,使儿童及家长感到被关怀。精进预防接种的护理技巧也是提高护士职业素质的有效途径,娴熟的操作技巧是建立信任的重要条件。同时护理人员应充分运用现代的信息技术,并将技术运用在临床实践中。

(三)沟通的方式

1. 语言沟通

语言沟通是常用的沟通方式。对于接种儿童来说,使用语言沟通可缓解其害怕、恐惧的心理,有助于使儿童配合接种。护士在语言沟通过程中应全神贯注,并掌握一定的语言技巧。在具体的语言沟通中,护理人员应注意使用以下几种语言:① 礼貌性语言。对于儿童及家长的提问要有耐心,语言切忌粗暴。② 解释性语言。对于儿童或家长提出的不同问题应给予有针对性回答,耐心地解释,语言要通俗易懂,避免使用医学术语。③ 告知性语言。结合健康教育告知儿童家长有关疫苗使用的情况,如:不良反应及注意事项等,使其主动配合预防接种。

2. 非语言沟通

一个真诚的微笑是预防接种工作人员充满爱心的表现,一次轻轻地触摸是关心体贴的表现。在沟通形式中除了语言沟通,还包括各种非语言沟通,如眼神、手势、表情等,尤其在与儿童交流时穿插使用以上各种形式的沟通,可拉近与儿童间的心理距离,形成和谐的护患关系。因此,护士可在沟通中借助表情及手势向儿童传达感情,缓解其不良的情绪,使儿童处于安静状态。

在沟通的过程中以上两种沟通的方式缺一不可,穿插运用可发挥显著的作用。因此,在为儿童进行预防接种时应掌握好两种沟通的方式,并能在恰当的时机运用不同的沟通方式,赢得儿童的信赖,使儿童能够主动配合接种。

第三节　儿童医院门(急)诊、入出院护患沟通

儿童年龄较小,缺乏医学常识,非常需要护士和家人的关怀和安慰。儿科护士应根据儿童的生理和心理特性,在门急诊、出入院过程中灵活使用各种沟通技巧。

一、门(急)诊护患沟通

(一) 预诊

1. 评估

评估患儿的病情、精神状态,家属的文化程度、沟通能力、重视程度。

2. 目标

通过预诊时的护患沟通,可以及时正确了解患儿的基本病况,指导患儿家长选择合适的专科及医生,确保首问工作的顺利完成。

3. 内容

(1) 倡导用语。应根据病情正确为患儿预诊,融关心、耐心、热心和爱心于预诊工作中。

① "您好,您孩子哪儿不舒服? 请告诉我,好吗?"

② "您好,我为您孩子测一下体温。"

③ 预诊时要运用看、摸、测等方法,尽可能正确分科。如:"请您解开孩子的衣服,让我看一下他(她)的皮肤。"

(2) 禁忌用语。

① "不用说了,肯定是××病,快去挂号吧!"

② "好多天发烧不退,一定要看名医,听我的没错!"

③ "您到底看什么病? 怎么和您说不清楚!"

④ "您的孩子又不发烧,量什么体温,好玩啊!"

⑤ "看病哪有不挂号的!"

4. 注意事项

(1) 常见冲突。

① 患儿家属对疾病情况讲述不清。

② 患儿家属对护士分科不满意。

③ 护士对家属的厌烦及职业倦怠情绪。

④ 患儿家属对医生的治疗不满意。

(2) 应对技巧。

① 耐心、详细、反复问诊,必要时请教医生。

② 解释各科特色,尽快与患儿家属沟通,达成共识。

③ 调整个人心理状态,以良好的情绪投入工作。

④ 告知患儿家属疾病的基本知识,协助医患建立良好的信任关系。

(二) 分诊

1. 评估

评估患儿的精神、情绪状态,家属沟通能力。

2. 目标

分诊时护患沟通的目标是观察候诊患儿的病情变化,营造良好的就诊环境。

3. 内容

(1) 倡导用语。根据分科号,正确为患儿分诊。

① "您好,这里是××门诊,请把病历卡给我,请您在候诊区休息一会儿,等待就诊,电子屏幕会显示并呼叫您孩子的姓名。谢谢您的合作。"

② "您好,今天患者比较多,您大约要等待××(时间),如果您的孩子有什么不舒服,请及时告诉我,我会及时为您服务。"

③ 分诊时主动关心患儿,及时为患儿提供帮助。如:"您孩子的脸有点红,是不是体温升高了,让我来测一下。"

(2) 禁忌用语。

① "你问了几遍了,还没到你呢,急什么!"

② "你站在我面前干什么,到了我会叫你的。"

③ "还要等多长时间,我怎么知道!"

④ "测体温去预诊处,我不量的。"

⑤ "你不要问我,我不知道。"

4. 注意事项

(1) 常见冲突。

① 家属候诊时的焦躁情绪。

② 护士态度冷漠,语气生硬。

③ 对护士分科不满意。

(2) 应对技巧。

① 耐心、详细告知患儿家属候诊时的注意事项及大约等待时间。

② 热情服务,耐心解释,建立良好的护患关系。

③ 为患儿家属介绍医院专科及医生的专业特点,让患儿家属放心就诊。

（三）导诊

1.评估

评估患儿的精神、情绪状态,家属沟通能力。

2.目标

了解患儿需求,及时为患儿排忧解难,确保预诊、分诊工作顺利进行。

3.内容

（1）倡导用语。根据患儿需要,及时提供导诊服务。

① "您好,需要我的帮助吗?""您好,请先预诊再挂号,这边请……""请拿好分科号去挂号窗口挂号,去××楼××室等候就诊,谢谢。"

② 救护车送来急救患儿时:"您好,孩子怎么了? 我立即送您的孩子到急诊室。"

③ "您的孩子已经有医护人员在救治了,请您在外面候诊椅上坐会儿,我们将及时告知您孩子的救治情况。"

④ "您好,请把病历给我,您应该在××科就诊,请跟我来。""您好,放射科在地下一楼,请抱好您的孩子,乘电梯到地下一楼。"

⑤ "这里是候诊区,请您在此等候。"

（2）禁忌用语。

① "说了几遍了,还没有听懂吗!"

② "什么都要问! 不会看牌子吗!"

③ "医生去哪里了,我不知道,也管不着,自己找吧!"

4.注意事项

（1）常见冲突。

① 患儿家属对医院的环境不熟悉。

② 护士缺乏主动性,态度冷漠,语句不当。

（2）应对技巧。

① 主动与患儿交流,及时帮助患儿或家属解决困难。

② 护士微笑服务,礼貌待人。

二、入院护患沟通

（一）非新生儿平诊入院

1.评估

患儿的年龄、病情,患儿及家属的心理、文化程度。

2. 目标

使患儿得到及时、有序地诊治及护理,取得患儿家属的理解和支持,并消除住院患儿及家属的陌生焦虑。

3. 内容

(1) 倡导用语。

① 主动招呼:护士微笑站立,走到家属面前,抚摸孩子的头并亲切地问:"您好,我是主班护士杨××,宝宝是住院吗? 宝宝哪里不舒服了? 请先把入院手续交给我。"并为患儿测量生命体征、体重、身高。

② 及时安置病床:"请随我来,先带您到病床上。您在这里稍等一下,负责您宝宝床位的医生和护士马上过来看小朋友。"微笑着跟小患儿挥手,离开病房。通知床位护士和床位医生。

③ 床位护士自我介绍:"您好,我叫张××,是您宝贝的床位护士,住院期间的护理工作将由我来负责。如果我不在班,可以去找其他护士,大家都会尽力提供帮助,让宝贝尽快康复出院。"

④ 护理查体、入院评估。微笑,关切地抚摸孩子:"宝贝好乖,长得好可爱,有五六个月了吧? 阿姨抱抱。"边轻拍边抚摸,然后在病床上进行护理查体,同时向家属询问病史。

⑤ 与家属沟通,落实陪护者:"您好,我院实行一人一陪制,请问在您宝贝住院期间,家里主要由谁来负责陪护?"

⑥ 入院介绍,健康教育:"××家长,如果您现在方便的话请随我来,带您熟悉一下病区环境,好吗?"带领陪护者,熟悉病区环境,同时向家属介绍安全防护装置,便民服务设施的提供,介绍病室相关负责人员,住院期间注意事项、规章制度及疾病相关知识。"您宝宝住院期间如有什么困难,请及时找您的床位护士,她一定尽力帮助您!""如有不适或急事,请按床头呼叫器。"挥手微笑离开。

(2) 禁忌用语。

① "住院? 没看到我正很忙吗,等一下吧!"

② "住院? 没床! 如果急着住,到××病区看能不能住进去。"

③ "这上面都写着呢,自己看去!"

④ "你住××床,自己去吧!"

4. 注意事项

(1) 常见冲突。

① 患儿及家属对陌生环境的焦虑加剧。

② 患儿家属对院方的不信任。

③ 患儿家属焦躁的心理得不到缓释。

④ 患儿家属对治疗目的不了解。

（2）应对技巧。

① 入院各环节充分告知家属目的及相关注意事项。

② 把握新入院患儿及家属的心理，进行耐心、细致的有效沟通。

③ 人文关怀及时渗透于入院时各环节。

（二）新生儿平诊入院

1. 评估

评估患儿的病情，家长的心理状态。

2. 目标

通过入院时的护患沟通，及时评估患儿的病情，了解家长的心理需要，解除思想顾虑，取得家长的信任和配合，确保各项医疗护理工作的顺利完成，避免医疗护理纠纷。

3. 内容

（1）倡导用语。听见门铃声，确认是新患儿，备齐用物推床至家长探视室。

① "您好！我叫×××，是您宝贝的床位护士，请问您的宝贝叫什么名字？男孩还是女孩？让我看看您的宝贝好吗？"微笑，轻轻打开包被，"是个英俊的公子（漂亮的小公主），我先给他（她）洗个澡，您稍等，等会儿医生会来询问病情，您在那边椅子上坐一会儿好吗？"

② "您好！我给您的宝贝安排的是××床，现在我们给他（她）做好标记。来，宝贝我们先贴好额标，戴好手圈，我们这里的每一位宝贝都有这样的记号，所以不会搞错的，请您放心。您的宝贝脐部有点发炎，我已经给他（她）消过毒了，在这里我们每天会给他（她）消毒两次。这是宝宝的衣物，回去洗干净后等出院再带来。我给您安排的是单号组×××床，每周一、三 13：30～15：30 电话询问病情，周三下午也可以通过视频看看宝贝，过一会儿医生会给您具体联系方式的，请 24 小时保持电话畅通，有特殊情况我们可以及时和您联系。母乳喂养的话，要定时吸出奶，这样宝宝出院后就可以继续吃妈妈的奶了。您有什么要求可以跟我们联系，医生了解病史后您就可以回家了。宝贝来和爸爸

(妈妈)再见!"

(2)禁忌用语。

①"又来啦! 忙死了,来也来不及,在外面等着!"

②"你的孩子又脏又臭,好像从来不洗澡的,你们太不负责任了!"

③"你的孩子真会哭,烦死人了!"

④"你的孩子送得太晚了,没得救了!"

4.注意事项

(1)常见冲突。

① 家长对护士缺乏信任。

② 家长的治疗期望与现实存在差距。

③ 护士对工作的厌烦情绪。

④ 工作太忙,未及时接待新患儿,家长等待太久。

(2)应对技巧。

① 充分利用首轮效应与家长建立信任关系。

② 充分利用现代通信工具,在患儿病情发生变化时与家属进行及时有效的沟通。

③ 调整好心态,以良好的情绪投入工作。

④ 按轻重缓急合理安排工作顺序,及时接待新患者。

(三)入重症监护室

1.评估

(1)患儿病情的危重程度。

(2)患儿或者家属的心理状况、沟通能力,病情发展及预后转归的认知能力,以及家庭经济能力等。

2.目标

通过对患儿的初步评估,对病情有基本了解,做恰当解释,缓解患儿及家属的焦虑心理,使抢救、治疗、护理工作能够顺利进行,确保护理工作质量。

3.内容

(1)倡导用语。

① 迎接新患儿时:"您好,我是护士××,小朋友住院吗? 请把入院手续给我。"

床位护士:"我叫××,是宝贝的床位护士,负责宝贝住院期间的日常生活护理和治疗工作,我和我们同事将尽力帮助您宝贝尽快康复出院,如果您孩子有什么特别的喜好和要求,如食物,生活习惯等,请告诉我,我将尽力照顾好他(她)。您在这里稍等一下,负责您宝贝床位的医生马上过来。"

② "您好,请您暂时回避一下,孩子需要立即抢救,请您在休息室耐心等一会儿,待会我们床位医生和护士将与您见面。"

③ 边轻拍边抚摸,将其放病床上,为其更换 ICU 病员服,护理查体。微笑,关切地抚摸孩子并说:"宝贝好乖,多大了? 长得好可爱,来让阿姨看看。"

④ "宝贝别害怕,这么多叔叔阿姨陪着你呢。宝贝勇敢……我们给你治好病就可以回家了,这里机器有点吵,别害怕,阿姨在这里陪着你。你有什么需求跟我讲。"

⑤ 与家属沟通:"您好,您的孩子刚刚进行过抢救,目前情况医生将会详细告诉您,我们科室实行无陪制度,宝贝所有的日常生活和治疗全由我们护士照顾,每天上午 10 点半到 11 点之间,您可以探视,了解孩子的情况。宝贝住院期间,您随时都可以打我们科室的电话询问病情,我们将详细为您解答,这是我们科室的电话,请记好,同时请将您的联系方式留下,并保持电话畅通,便于我们随时联系您。"

(2)禁忌用语。

① "你出去,这里不能随便进来!"

② "您是××床,在那边,自己去看。"

③ "哪有孩子不哭的,哭一会儿又不要紧的!"

4. 注意事项

(1)常见冲突。

① 患儿离开父母的恐惧心理。

② 患儿及家属对陌生环境的焦虑加剧。

③ 患儿家属对医院的不信任。

④ 患儿家属焦躁的心理得不到疏导。

⑤ 患儿家属对治疗目的的不理解。

(2)应对技巧。

① 入院各环节充分告知其目的及相关注意事项。

② 把握新入院患儿及家属的心理,有的放矢地进行有效沟通。

③ 多陪伴患儿,分散其注意力,帮助患儿解除因离开父母而产生的焦虑

心理。

④ 多与患儿及家属沟通，及时告知患儿的病情变化及治疗效果，尽快与家属建立信任关系。

三、出院护患沟通

(一) 非新生儿出院

1. 评估

评估患儿出院转归情况，对护理人员的满意度，患儿及家属的心理状况。

2. 目标

通过出院时的沟通，及时评价家属对出院流程的了解情况程度，指导其办理出院手续；同时告知患儿家属对患儿出院后进行照顾的注意事项。

3. 内容

(1) 倡导用语。根据医嘱，指导并协助患儿家属办理出院手续。

① "××小朋友家长，您好，您的孩子经过这段时间的治疗已基本痊愈，医生认为可以出院了，这是出院通知单，您先到住院处办理结账手续，再到中心药房拿出院带药，办理完出院手续后将通知单下联给我们签名。"

② "请您评价住院期间我们的护理工作，有什么意见或建议请告诉我，以利于我们改进工作。服务不周之处，请多包涵，在宝贝住院期间谢谢您及家人对我们护理工作的理解、支持和配合。"

③ "您孩子出院后，请您注意孩子的保健，遵医嘱继续服药，并按时来院就诊，现在我告诉您孩子回去后的一些注意事项。"（根据患儿病情进行具体指导，包括：休息、活动、保健、饮食、服药、检查等。）

④ "这是我科的出院联系卡，如您孩子有什么不舒服请及时打电话来咨询。"

⑤ 送患儿和家属至电梯口告别："您带孩子慢走，请多保重！"

(2) 禁忌用语。

① "该出院了，医生的出院医嘱已经开好了，赶紧去结账吧，外面还有患者等床用呢！"

② "出院后注意什么？医生没有给你讲？我也不清楚！"

③ "××床，出院了！出院后的注意事项，去问医生吧，我忙死了，今天还有好多患者要出院呢！"

④"真难缠,终于走了。"

⑤"病还没好就要出院?"

⑥"随便你,要出院,你签字好了。"

4．注意事项

(1)常见冲突。

① 患者对治疗费用的怀疑。

② 护士对工作的厌烦情绪。

(2)应对技巧。

① 出院各环节充分告知目的及相关事项。

② 护士应调整好心理状态,以良好的情绪投入工作。

(二)新生儿出院

1．评估

评估患儿病情好转情况,了解家长对新生儿护理知识掌握程度,以及对护理服务的满意度。

2．目标

通过出院时的护患沟通,进行健康宣教,及时评估和了解家长的心理需要,帮助家长科学护理患儿,及时指导其正确办理出院手续。

3．内容

(1)倡导用语。

①"××小朋友家长,您好,请问您的宝宝叫什么名字?"信息核对正确后:"您的宝宝经过这段时间的治疗,医师查房认为可以出院了,这是出院通知单,请您到住院处办理结账手续,用这张处方到中心药房(一楼住院处旁)取出院带药,办理完出院手续后将通知单下联和您宝宝的衣服包被交给我们。"

②"这是护理满意度调查表,我们主要想了解一下您的宝宝在住院期间对我们护理工作的满意程度,有什么意见和建议及时告诉我们,以利于我们不断改进工作。"

③"××家长,请问您的宝宝叫什么名字?"核对信息正确后:"您的宝宝目前比较稳定,一顿大约能吃90毫升奶,换好尿布后就睡,特别乖。回去后带的药要继续吃,还要巩固一段时间。请根据气温增减衣被,及时更换尿布,防止红臀。注意保持室内空气清新,经常开窗通风,每天至少两次,每次半小时。少去公共场所。接触宝宝的皮肤前认真洗手。家长有感冒咳嗽时尽量避免接

触宝宝,以免交叉感染。妈妈要加强营养摄入,尽量母乳喂养。每次喂奶后要将宝宝竖抱,五指并拢屈曲,轻拍宝宝背部,帮助其排出胃内空气,然后将其摆为右侧卧位。这是联系卡,如有什么问题,可以打电话与我们联系。祝愿您的宝宝健康成长!"

(2) 禁忌用语。

① "再见!"

② "这些药都是医生开的,去问医生。"

③ "新生儿吗,总归有点红屁股的,跟我们无关,回去好好护理就好了。"

④ "你们家长怎么连最基本的也不懂,怎么做父母的!"

4. 注意事项

(1) 常见冲突。

① 家长对患儿体重不增不满意。

② 家长对出院后的护理注意事项不够了解。

③ 家长对收费缺乏信任,表示质疑。

④ 患儿存在护理缺陷,如:面颊被抓伤、红臀等。

(2) 应对技巧。

① 给予解释说明疾病对体重的影响。

② 进行详细的出院指导。

③ 进行有效沟通解释,万一有收费错误及时解释退费。

④ 详细解释用药及护理的注意事项,取得家长的理解。

 护·理·实·训

一、实训目标

1. 护生应用沟通技巧时,要学会换位思考。与患儿家属首次沟通时应注意自己的仪表和表达方式,让患儿家属感受到护士对患儿的关心,以及为促进患儿的康复所做的努力,从而得到家属的信任和配合。

2. 护生通过角色扮演,体会儿童护理工作中沟通的艺术。

二、训练内容与方法

请根据提供的以下两个案例,班级学生分成若干个小组,其中1人扮演护士,1人扮演患儿,1人扮演患儿家属,运用本章节讲解的知识和人际沟通技

巧,与患儿及家属进行有效沟通,教师对学生进行指导、点评。

案例一：

患儿,李一依,女,2岁,肠炎。某天早上护士做晨间护理,看到患儿床上摆满了玩具、衣服、纸尿裤,床头柜上也是奶粉、奶瓶、水杯、碗筷等,就连窗台上也堆满了杂物。如果你是责任护士,应该如何与患儿家属沟通? 下列哪种沟通较好?

A护士的沟通:"宝宝妈妈,床单元也太乱了吧,我们一会儿怎么交班啊? 请把东西收拾一下,垃圾请扔到垃圾筐内,好吗。"

B护士的沟通:"宝宝妈妈,孩子是肠炎,所以一定要注意个人卫生,咱们把床单元收拾整齐,把换下来的纸尿裤及时扔进垃圾筐,这样不仅孩子的病会好得快,也不会传染给别人,好吗?"

C护士的沟通:"宝宝妈妈,宝宝今天好点了吧? 大便几次? 体温还高不高呢? 您家宝宝是轮状病毒感染,家属需要注意手卫生,床单元物品不宜过多。纸尿裤换下来要装进垃圾袋里马上扔掉,以免引起交叉感染。我现在帮您把东西放进柜子里,再让保洁阿姨把窗台和床头柜用消毒抹布擦拭一下,把地面拖干净,这样有利于宝宝病情的恢复,好吗?"

案例二：

患儿,张慧之子,男,10天,新生儿高胆红素血症。患儿入住新生儿重症监护室。入院当天,护士小李向患儿家属进行入院指导,告知新生儿重症监护病房为无陪护病房,患儿住院期间所有的生活护理全由护理人员完成。患儿奶奶一听就急了,大声说:"那可不行,我的宝贝孙子怎么能离开我呢? 我必须陪着我的大孙子,交给你们,这么多孩子抱错了我可怎么活呢?"如果你是责任护士,应该如何与患儿家属沟通? 下列哪种沟通较好?

A护士的沟通:"阿姨,新生儿住院都是无陪护的啊,您看到孩子手腕上的腕带了吗? 孩子都会佩戴的,上面有孩子的信息,怎么能抱错呢?"

B护士的沟通:"阿姨,我知道您舍不得您的宝贝孙子,可孩子现在生病了,必须要住院,孩子这么小,抵抗力差,如果所有孩子的家属都陪护,那很容易交叉感染的。再说孩子都会佩戴腕带的,每次我们都会查对,绝对不会抱错的。"

C护士的沟通:"阿姨,您别着急,我知道您舍不得您的宝贝孙子离开,可孩子现在生病了,我们首先要让孩子尽快康复啊! 我们新生儿监护室是无陪护病房,收治的都是28天以内的宝宝,还有很多体重非常小的早产儿宝宝,他们抵抗力都比较差,最怕的就是交叉感染,所以我们是严格控制人数的。而且我们的病房是层流洁净病房,也就是说空气都是经过净化的,所以宝宝住院期间您是肯定不能陪宝宝的。但是您放心,我们一定会尽心尽力地照顾好宝宝的,宝宝住院期间我们会24小时全方位监护的,您刚才看到我们给宝宝手腕和脚腕分别佩戴的两个腕带了吧?腕带上详细地打印了宝宝的信息,这是我们用来核对宝宝身份的,所有的治疗护理前医生护士都会认真核对这两个腕带。除此之外我们还要核对宝宝床头的床头卡,所有信息一致我们才能给宝宝进行治疗护理,您担心抱错孩子的情况是绝对不会发生的,您就放心吧!另外除了治疗,我们每天早上也会给宝宝洗澡、称体重,每三小时换一次尿布、喂一次奶,而且我们有专人给宝宝们进行统一配奶,然后根据医生的医嘱按量分给每一个住院的宝宝。总之宝宝在我们这里我们一定会照顾得很好的,您就放心吧!"

三、训练评价

教师对每组学生的模拟练习进行点评并打出相应成绩(分别为优秀、良好、合格、不合格)。最后分析总结,对于表现好的学生提出表扬。

说明:评分总分为100分,语言沟通和非语言沟通技巧各占50分,优秀(90~100分);良好(80~89分);合格(60~79分);不合格(60分以下)。

练 一 练

第六章参考答案

一、单选题

1. 与患儿的沟通技巧可分为几类?(　　　)

　　A. 语言沟通　　　B. 非语言沟通　　　C. 抽象沟通　　　D. 以上均是

2. 与患儿家长常见的沟通障碍原因有哪些?(　　　)

　　A. 语言不适当　　　　　　　　B. 行为沟通不及时

　　C. 专业能力不强　　　　　　　D. 以上均是

3. 以下说法错误的是(　　　)。

　　A. 语言式沟通使用语言、微笑、呻吟或喊叫的方式发言表达,以达到沟通

的目的。适用于 6 岁以前的儿童

B. 抽象式沟通以游戏标志、照片、欣赏能力、衣着选择、绘画作品等形式表达沟通。这种沟通方式适用年龄跨度大,以年长儿更为适用

C. 行为分为直接行为和趋势行为

D. 与患儿家长沟通常见的技巧包括适应性地运行语言艺术、注意行为方式、提高专业护理技术

4. 导致儿童对预防接种产生恐惧、抵触心理的原因主要有?(　　)

　　A. 耐受程度低　　　　　　　　B. 恐惧心理

　　C. 认知水平有限　　　　　　　D. 以上均是

5. 针对儿童预防接种的语言沟通有几类?(　　)

　　A. 礼貌性语言　　B. 解释性语言　　C. 告知性语言　　D. 以上均是

二、思考题

护士在给患儿换液时,家属一不小心说了一句"服务员",护士很不高兴,说道:"我不是服务员,饭店里才有服务员。"家属虽然道了歉,但是此后总是觉得护士没有原谅自己,对自己不热情了,最后形成了护患纠纷。

假如你是该护士,会如何化解呢?

第七章 妇产科医院护理礼仪

 学习目标

1. 理解与孕产妇及家属沟通的重要性、隐私保护的重要性。

2. 熟悉特殊情况下的沟通技巧，提升与产妇及家属沟通和交流的能力。

3. 了解不同文化背景患者的礼仪习惯和价值观。

4. 能够迅速应对常见的紧急情况，保持冷静和专业；能够向患者和家属解释病情，使用简明清晰的语言传递医疗信息，增强沟通效果。

5. 树立保护患者隐私的意识，尊重患者需求，能提供耐心细致的护理。

 学习内容

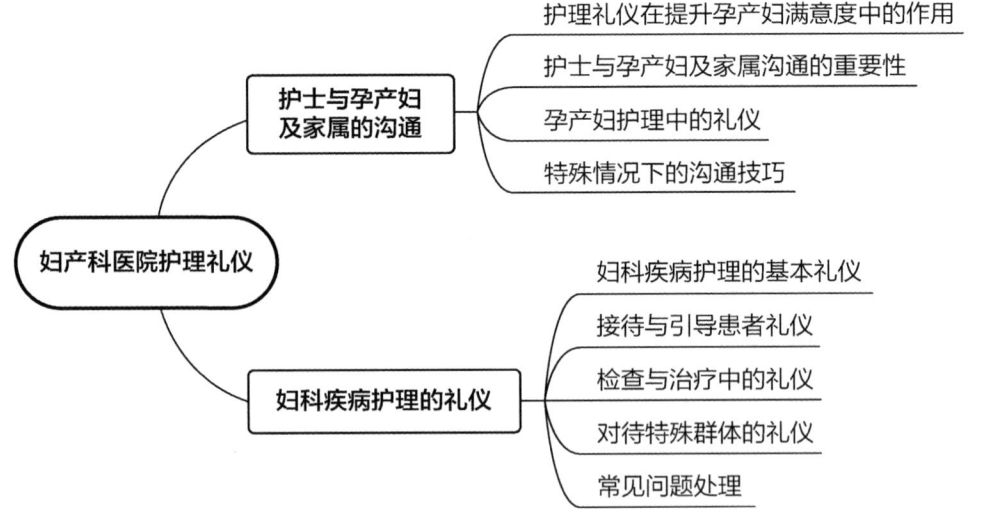

　　护士小王当班期间接到急诊室的电话,有位足月胎盘早剥、胎心减速的患者急诊入院,小王立即做好了一切准备工作,准备迎接患者入院。患者被用平车推入分娩室时,面色苍白,腹痛明显,阴道出血大于月经量。此时,小王面带微笑地对患者说:"请不要着急,我马上通知医生为您进行相关检查。"说完,不慌不忙地走了出去。

　　请思考:

　　1. 小王的做法合适吗? 如不合适,试指出其不妥之处。

　　2. 如果你是当班护士,你会怎么做?

　　妇产科护理是一项专门针对女性生殖健康、孕产期、分娩,以及产后恢复等方面的护理服务。目前妇产科工作已从单纯的妇女疾病诊治、正常与病理产科的诊治、扩展到围生期和妇女终身保健,计划生育和优生优育等领域。这一领域的护理工作不仅要求护士具备丰富的医学知识和技能,还要求他们在提供护理服务时展现出高度的敏感性、同情心和专业礼仪。

第一节　护士与孕产妇及家属的沟通

　　孕期是妇女生命中极为重要的阶段之一,对于孕产妇来说,分娩是一次至关重要的经历。在这个过程中,孕妇的个性特征、文化背景、家庭环境,以及个人经历都会对她们的心理状态产生影响。尽管她们可能接受过一定程度的孕期和分娩保健知识,但缺乏系统的指导和实践经验,这导致她们及其家人在孕产妇分娩前会感到焦虑和担忧。一些常见的担忧包括担心分娩过程中护士的疏忽,家人不在身边时的孤立感,害怕分娩时的疼痛,以及可能出现的并发症,例如大出血或感染,还有担心婴儿可能出现的问题,如胎儿窒息或出生后畸形。为了提供全面的医疗、护理和支持服务,妇产科护理人员除了做好技术和物品准备,还需要为产妇提供必要的心理护理、健康咨询以及礼仪服务等,以安抚她们的情绪,减轻其焦虑,确保她们在分娩过程中得到充分的支持和关怀。

阅读角

"万婴之母"林巧稚

林巧稚是中国妇产科学的主要开拓者、奠基人之一,她是北京协和医院第一位中国籍妇产科主任,1955 年被选聘为中国科学院院士(学部委员)。她虽然一生没有结婚,却亲自接生了 5 万多名婴儿,被尊称为"万婴之母""生命天使""中国医学圣母"。林巧稚一生清苦,行医从不多收一分钱,把全部精力和时间都献给医疗事业。在她 83 年人生经历中,在她即将离开人世时,她立下遗嘱:"要把我这一生积攒的三万元献给首都医院幼儿园、托儿所,把自己的遗体献给医院作研究之用。"

一、护理礼仪在提升孕产妇满意度中的作用

(一)建立信任和安全感

良好的护士礼仪能够建立起孕产妇对护士的信任,使她们感到在护理过程中得到尊重和关注。通过友好、温和的态度,以及尊重孕产妇的个人空间,护士能够为她们营造出安全、舒适的环境,有助于减轻其焦虑和紧张情绪。

(二)提升沟通效果

护士的良好人际沟通技巧能够促进与孕产妇之间的有效沟通。这种沟通不仅包括传递医疗信息和建议,还包括倾听孕产妇的需求和关注,以及解答她们的疑虑和担忧。

(三)减轻焦虑和恐惧

在孕产妇面临分娩等关键时刻,护士的温暖、安慰和鼓励能够有效减轻她们的焦虑和恐惧。通过与孕产妇建立情感连接,护士可以为其提供心理支持,让她们感到安心和放松。

(四)情感支持和安慰

在分娩过程中,孕产妇常常会面临各种身体和情绪上的挑战,而护士的温暖、理解和关怀可以成为她们最重要的支持。通过表达理解、鼓励和安慰,护士可以帮助孕产妇度过分娩过程中的艰难时刻,增强她们的信心和勇气。

（五）提供教育和指导

除了在分娩过程中提供支持和护理，护士还承担着向孕产妇提供相关健康教育和生产指导的责任。通过耐心解答孕产妇的问题，教导产前、产期和产后的自我护理技能，护士能够提高孕产妇的自我管理能力，增强她们对分娩的信心和控制能力。

二、护士与孕产妇及家属沟通的重要性

通过有效的沟通，护士可以传递医疗信息和护理指导，提供心理支持和安慰，促进分娩依从性，增强孕产妇的合作和参与，解决问题和化解冲突。这种沟通不仅有助于使孕产妇及其家属理解和应对分娩过程中的各种挑战，还能够使护患间建立起良好的信任关系和合作基础，为孕产妇提供安全、舒适和个性化的护理服务。

（一）传递信息和指导：护士需要向孕产妇及其家属传达医疗信息、护理计划和治疗建议。这些信息可能涉及孕期保健、分娩过程、产后护理等方面，对孕产妇和家属来说是必要的指导和支持。

（二）提供心理支持和安慰：分娩过程对于孕产妇来说是一个身心挑战，而家属则可能感受到焦虑和不安。护士通过与他们建立情感连接和倾听的方式，能够提供情感支持和安慰，帮助他们缓解焦虑和紧张情绪。

（三）促进分娩依从性：护士的沟通能力可以帮助孕产妇及其家属更好地理解医疗建议和治疗方案，并提高他们的分娩依从性。通过清晰明了地解释治疗目的和效果，以及回答他们的疑问和担忧，护士能够增强他们对分娩的信心，使得分娩计划更容易被接受和执行。

（四）促进合作和参与：护士与孕产妇及其家属之间的良好沟通有助于建立合作关系和共同决策机制。通过与他们密切合作，护士可以更好地了解他们的需求和期望，并制订个性化的护理方案，增强他们在治疗过程中的参与感和掌控感。

（五）解决问题和化解冲突：在护理过程中，孕产妇及其家属可能会遇到各种问题和困难，例如医疗方面的疑虑、护理服务的不满意等。护士需要通过有效的沟通和解决问题的能力，及时发现和解决这些困难，确保孕产妇及其家属的需求得到满足，同时化解潜在的冲突和误解。

三、孕产妇护理中的礼仪

为孕产妇做相关检查时会涉及女性的特殊部位，所以，大多数患者存在羞涩、胆怯、焦虑、恐惧等特殊心理状态，这也对妇产科护理人员在礼仪规范方面提出了不同的要求。无论是在病房、待产室；还是在分娩期间，都应该开展"以家庭为中心的产科护理"。护理人员要在言谈举止上表现出对她们的极大关心和爱护，突出孕产妇此时的"中心"地位，为她们提供连续性的健康服务。

（一）在病房

当孕产妇来到病房，应说"您好，欢迎您来到妇产科，恭喜您马上就要当妈妈了。"护士应迅速安排她们到床上休息，并向孕妇介绍相关的分娩知识，让妈妈对分娩有个正确的认识和了解，正确应对分娩的不适。

间隔一段时间，护士还应到病房询问："请问您现在感觉怎么样？我为您听听胎心音，检查一下胎儿入盆的情况。"用手触诊时应轻柔、细致、用力适当。"您别紧张，现在您的宫口开大二指了，宫缩已有些规律，需要到待产室继续观察，我用推车送您过去好吗？"并嘱咐产妇尽量放松情绪，以缓解肌肉和精神紧张，消除不适。

（二）在待产室

此时产妇腹痛持续时间延长，护理人员应耐心听取待产妇有关疼痛的诉说，有针对性地解释和安慰，使用有效的关怀，让产妇对分娩充满信心，并采用多种非药物镇痛方式或药物镇痛方式，减轻产妇的疼痛。另外，护士应随时监测胎儿情况，对产妇提出的问题要耐心回答，态度和蔼。在此期间，护士不要向产妇提过多要求或强制其做决定，应接受产妇的各种行为表现，如允许她与他人谈话、哭泣等。

（三）在分娩期间

由于丈夫、亲人不在身边，产妇会感到无助，缺乏自信心，不能放松，表现为没有耐心、哭泣、退缩等行为。护士应积极鼓励产妇进行陪伴分娩，家属陪伴或导乐陪伴，减轻产妇的不良情绪。同时，产妇还会向医务人员提出如"我是否能坚持自然分娩""分娩时间会不会很长""我的孩子正常吗"等问题，对产妇提出的这些问题，护理人员应一一巧答，并一直陪伴在产妇身边。

护理人员应对每一产程将发生的情况事先向产妇告知，并不时鼓励产妇："您配合得真好，再用一把劲，孩子就快出来了。"护士应指导产妇适当用力，握住产妇的手,或抚摸其腹部,为她擦去汗水,并大力协助其饮水等。

（四）在产后

孩子出生后,护士可以说:"祝贺您做母亲了,宝宝很健康、很漂亮,真为您高兴。"并将新生儿第一时间放在妈妈身上,进行新生儿早期基本保健,实施母婴同室,促进亲情建立。

> **知识窗**
>
> ### 世界母乳喂养周
>
> 世界母乳喂养宣传周是由国际母乳喂养行动联盟(WABA)组织发起的一项全球性的活动,旨在促进社会和公众对母乳喂养重要性的正确认识和支持母乳喂养。截至 2024 年,在全球已有 170 个国家参与此项活动。国际母乳喂养行动联盟确定每年 8 月 1 日至 7 日为"世界母乳喂养周",旨在促进全社会积极鼓励和支持母乳喂养,拓宽母乳喂养的内涵,创造一种爱婴、爱母的社会氛围。

四、特殊情况下的沟通技巧

（一）应对孕期情绪波动的沟通

孕期的情绪波动是一种常见的生理和心理反应,通常是由于激素水平的变化、身体的不适、生活变化和对未来角色的担忧所引起的。护理人员对这种情绪波动的处理方式有以下几个重点。首先,倾听是关键,让她们有机会表达情绪,不要打断或质疑,而是给予支持。其次,表达理解和同情,让她们感到被接纳和安慰,同时避免给予批评或无效的建议。再次,使用温和的语气和亲切的姿态,传递安全和支持的信息,建立亲近感和信任。最后,提出积极的解决方案,提供实质性的支持,帮助其应对情绪波动并寻求必要的专业帮助。

（二）与家属沟通坏消息的策略

与家属沟通坏消息,如产后出血、羊水栓塞、新生儿窒息等,无论是在医疗、紧急情况,还是其他环境下,都是一项敏感而关键的任务。主要策略如下。

（1）选择合适的环境:确保选择一个安静、私密的地方,使得家属在得知坏消息时能够感到相对安心,并且可以随时表达情感。

（2）使用明确、直接、温和的语言：使用明确而直接的语言传达消息，避免使用模糊或复杂的措辞。同时，保持语气温和，以减轻家属的紧张和焦虑。

（3）理解家属的情绪：在传达坏消息之前，尝试理解家属当前的情绪状态。这有助于调整沟通方式，更好地满足他们的需求。

（4）给予家属足够的时间和空间：在告知坏消息后，给予家属足够的时间和必要的空间来平复情绪。

（5）提供支持和同理心：表达关切和同理心，让家属知道他们不是孤立的，而是有专业人员支持的。避免过于冷漠或过度热情，要保持专业性。

（6）回答问题和解释细节：准备回答可能的问题，并提供详细但易于理解的解释。避免使用过于专业或复杂的术语，确保家属理解护士传达的信息。

（7）与团队协调一致：确保医护团队协调一致，以避免出现信息不一致或混乱，这可能加剧家属的困扰。

（8）提供进一步的支持资源：在传达坏消息后，提供相关的支持资源，如心理咨询、社会服务或支持小组，以帮助家属应对困境。

以上策略有助于护理人员在沟通坏消息时更有效地与家属互动，其中关怀和同理心是这个过程中至关重要的元素。

（三）跨文化沟通技巧

跨文化的形成是多种因素综合作用的结果，反映了人类社会的发展和进步，也为不同文化之间的理解、合作和共生提供了新的机遇和挑战。在与孕产妇及家属进行跨文化沟通时，我们必须特别注意尊重和理解因不同文化背景带来的差异。这包括但不限于语言、宗教信仰、习俗和价值观念。在沟通过程中，我们应该采取开放、包容的态度，倾听对方的观点和感受，尊重其文化传统和信仰。同时，我们需要避免使用可能引起误解或冒犯的语言和行为，并尽可能简化复杂的医疗术语和概念，以确保信息的准确传达。这样，我们才能更好地与孕产妇及其家属建立信任，提供更贴心、有效的支持和服务。

（四）接待孕产妇过程中应当避免的不恰当言行

护士在接待孕产妇过程中要注意避免不恰当言行。例如，孕妇有事时护士不尽快帮助，仍然忙于自己手中的活，对其不理不睬；护士对产妇的疼痛不予照顾，或说如"不要吵，烦死了""就你生孩子痛，别人都不像你，娇里娇气"等话；对未婚妈妈冷嘲热讽，态度粗暴，语言生硬；几个人在一起窃窃私语，议论产妇的隐私；在接生过程中，护士发现一些征兆、苗头，就随口说出，引起产妇的疑虑,加重其精神负担;给某些未按医院规定或未按医护人员要求行动的孕产妇及其家属脸色看,埋怨和责难他们。上述言行都是与护士应有的礼仪相悖的,在护理实践中应杜绝发生。

综上所述,与孕产妇及家属沟通是一门艺术,如何提高沟通的效果,妇产科护士要注意方法,具体情况具体分析,使沟通更具有针对性、更容易接受、更通俗易懂。对于孕产妇而言,可运用问候性沟通、鼓励性沟通、暗示性沟通、安慰性沟通等方式,在有效的沟通下,舒缓她们的不良情绪如紧张、焦虑,促进她们顺利地娩出宝宝。与此同时,在有效的沟通下,提高护士的护理服务质量,提高患者的满意度,对医院也有重要的意义。

知识窗

SDR 产房——顺产分娩的"头等舱"

SDR 产房(Sensory Delivery Room)即情境感知产房,是基于视听干预疗法而形成的、适宜分娩的、具有多种可切换自然场景的产房。通过对独特的光线、音乐,以及图像的运用,SDR 产房形成了呼吸、宁静、乐观、新生等七大主题,根据对分娩过程不同阶段的需要营造适宜产妇分娩的定制化氛围,智能控制单元随时切换。比如当产妇真正临产后会感受到一阵一阵的宫缩痛,SDR 产房借助海浪拍打海滩的视频和声音这种辽阔的感官体验,让产妇得到放松。

第二节　妇科疾病护理的礼仪

妇科疾病患者的病变部位为女性的特殊部位,所涉及与病情相关的资料也大多是个人的隐私。由于患病部位特殊,以及受我国传统道德观念的影响,患者对自己的病情难以启齿,不愿坦率无遗地吐露真情,往往形成害羞、压抑和恐惧等特殊心理。因此,护士对妇科疾病患者护理时,不仅要关注疾病本身的治疗,更要重视患者在治疗过程中的体验和心理需求。妇科疾病不仅影响患者的身体健康,还可能对她们的心理健康和生活质量产生重大影响。在这样的背景下,专业护理礼仪在提升患者体验和护理质量中发挥着至关重要的作用。

专业礼仪不仅仅是医务人员的行为准则,更是对患者尊严和权益的尊重。通过尊重患者的隐私、提供细致周到的护理、用温暖的语言和微笑来交流,医务人员可以帮助患者克服心理障碍,增强治疗信心。只有通过专业的医疗技术和温暖的医疗态度相结合,我们才能为患者提供更加全面、细致和人性化的护理服务。

一、妇科疾病护理的基本礼仪

(一)尊重患者的隐私权,遵守保密制度

由于妇产科疾病发病部位的特殊性,对于不愿意把自己病情公开的患者,医护人员一定要遵守保密制度,尊重患者的隐私权,切忌在患者背后窃窃私语,将患者的病情作为茶余饭后的话题。给患者体检时尽可能地在检查室进行,如在病房进行操作须用屏风隔挡,并嘱咐其他人员暂时离开。由男性医护人员为患者检查或治疗时,必须要有第三人在场。

(二)根据妇科患者的心理特点给予相应的心理护理

由于妇科疾病的特殊性,妇科的患者往往面临着较其他科室患者更大的精神压力和心理压力,她们非常希望能够获得医护人员的同情与支持。另外,由于某些妇科疾病需要接受手术治疗,甚至切除相应的女性器官,患者也会对此产生自卑、抑郁等心理。因此,妇科护理人员应在了解患者可能存在的心理问题的基础上给予相应的心理护理,如向患者及家属解释接受治疗的必要性、手术治疗后对患者机体功能的影响等,使患者和家属能更科学地认识治疗的效果,从而减轻其不良的心理反应。

(三)沟通交流时避免使用伤害性语言

无论妇科患者的病情及致病原因如何,护理人员均要尊重患者,对患者一视同仁,用高度的同情心和责任感关心照顾患者,使其感受到护理人员的真诚关心与帮助,从而使得患者和家属能更主动积极地配合治疗护理活动。切忌歧视某些妇科特殊疾病的患者,不能用训斥、指责、挖苦、讥讽等伤害性语言,以免对患者造成心理伤害。护理人员要引导患者及其家属正确认识疾病,教给她们科学的卫生知识及疾病防范知识,以使其出院后能做好自我保健和自我照顾。

二、接待与引导患者礼仪

(一) 接待患者和家属

(1) 热情欢迎：当患者和家属到达时，用亲切的语言和微笑表示欢迎。这种热情的态度可以使他们感到受到尊重和重视。

(2) 介绍自己：与患者和家属建立联系的第一步是介绍自己。说出自己的姓名和职位，以确保他们知道你是医务人员，帮助患者和家属信任你提供的服务。

(3) 提供舒适的环境：确保接待区域和治疗室整洁、舒适，并提供充足的座位和阅读材料，以使患者和家属感到放松和舒适。

(4) 倾听和尊重：当与患者和家属交流时，倾听他们的需求和关切，并以尊重和耐心的态度回应。要避免打断他们的发言，给予他们足够的时间表达自己的想法和感受。

(5) 提供信息：在接待过程中，尽量提供准确的信息和指导，解答他们的疑问，并在需要时向他们提供相关的资料或资源。

(6) 保护隐私：尊重患者和家属的隐私权，确保在接待过程中不涉及敏感或私人的问题，并在处理个人信息时遵循相关的隐私保护法规。

(7) 礼貌告别：当患者和家属结束他们的就诊或治疗时，以礼貌和亲切的态度告别，表达感谢并祝愿他们健康。

(二) 妇科检查或治疗前引导患者

(1) 提前沟通：提前向患者解释检查或治疗的目的、过程和可能的不适感，让患者对整个过程有清晰的了解。

(2) 建立信任关系：通过亲切的问候和关切，建立起患者与医护人员之间的信任关系，使者感到舒适和安心。

(3) 解答疑虑：鼓励患者提出任何可能的疑虑或问题，并耐心解答，确保患者对检查或治疗有充分的了解。

(4) 隐私保护说明：强调医院对患者隐私的保护政策，说明将尽力保障患者的隐私权利。

(5) 提供舒适环境：确保检查室或治疗室的环境整洁、舒适，为患者提供私密性和安静的空间。

(6) 尊重患者意愿：尊重患者的意愿，允许她们在可能的情况下选择陪同者，并给予患者一定程度的自主权。

（三）妇科检查或治疗后引导患者

（1）解释结果：对检查或治疗结果进行详细解释，确保患者理解自己的健康状况，包括正常情况和异常发现。

（2）提供建议和治疗计划：根据检查或治疗结果，向患者提供相应的健康建议和治疗计划，让她们了解下一步的行动。

（3）回答问题：鼓励患者提问，并耐心回答，以确保她们对后续治疗或生活方式的理解和执行。

（4）情绪支持：提供情绪上的支持，理解患者可能对检查或治疗结果产生的焦虑或情绪反应，给予安慰和鼓励。

（5）告知注意事项：提醒患者注意可能的不适感或副作用，同时告知她们在后续日常生活中应该注意的事项。

（6）预约复查或随访：如有需要，安排患者进行后续的复查或随访，并提供相关的预约和注意事项。

三、检查与治疗中的礼仪

（一）检查室礼仪

在进行妇科检查时，医务人员需要展现高度的职业素养，以确保患者在整个过程中感到尊重和舒适。在进行妇科检查前，医务人员应当说明检查的目的和步骤，并尊重患者的隐私，提供足够的隐私空间，确保检查环境安静、私密。对于可能感到紧张或焦虑的患者，医务人员应当通过温暖的语言、耐心的沟通，以及在需要时给予安慰，使患者感到被理解和关心。在整个检查过程中，医务人员应当保持细致周到，尽量减少患者的不适感。在操作上要轻柔，避免造成不必要的疼痛或不适。在涉及敏感性检查时，医务人员应当尊重患者的选择权，允许她们在可能的情况下选择同性医生进行检查，以确保患者的舒适感。医务人员应及时沟通检查的结果和建议，检查结束后，应和患者说："如果您有其他问题，随时告诉我！"医务人员应耐心解答患者的每一个问题，用专业、尊重和关怀的态度，通过娴熟的技术与语言艺术，给患者提供有尊严的医疗体验。

（二）治疗过程中的礼仪

在妇科疾病治疗过程中，护士要运用交流技巧使患者以最佳状态接受治疗和护理。通过与患者建立有效的沟通，医务人员能够更好地了解患者的病情、需求和期望,从而制订出更为合适的治疗方案。根据妇产科的具体情况和特点,我们在特定的场合要选择更加具体而亲切的语言,如在接待新入院的患者时,要热情礼貌地起身相迎,说:"您好,我叫××,是您的责任护士,请随我到病房休息。"当患者手术后被送回病房时,护士应主动迎接并安慰患者:"您的手术非常成功,术后护理由我来负责,我会随时来看您,请您放心。"用药时,应注意所用药物对患者生理和体征的影响。能引起女性男性化的激素类制剂,应尽可能地避免使用。如果必须使用,事前要向患者及其家属讲明药物的不良反应,并尊重患者的意愿。要使患者配合治疗,就必须对患者做好宣传教育工作。通过宣传教育,可以使患者相信科学,改变各种落后的传统习俗观念,从而使治疗过程更加人性化、温暖而有效。

 课堂讨论

作为一名护士,在妇产科医院的妇科工作中,你可能会遇到哪些特殊的患者? 你将如何在护理过程中做到规范的礼仪服务?

四、对待特殊群体的礼仪

(一) 未成年患者

未成年患者患有妇科疾病时,可能会经历一系列的心理反应。她们可能会感到困惑、害怕、羞耻或愤怒。她们可能会对治疗过程和未来的健康状况感到焦虑和不安。因此,医务人员在处理这类情况时,需要特别敏感和关怀。在与家长进行沟通时,应当坦诚地解释疾病性质、治疗过程和可能影响,以及如何保护未成年患者的心理健康。医务人员需要尊重未成年患者的隐私权,但也需要与家长保持透明的沟通,特别是在涉及治疗选择和决策时。为了保护未成年人,医务人员需要遵循严格的伦理标准和法律法规,确保未成年患者在治疗过程中的权益和安全得到充分保障。同时,医务人员还需要与其他相关机构和专业人士合作,共同为未成年患者提供全面的支持和保护。

(二) 性病患者

这部分患者早期可能会因羞愧而延误治疗,当症状加重时,因恐惧才到医院就诊。患者担心到医院后怕受到医护人员的歧视,担心被朋友、同事知道后受冷落,未生育者担心今后的生育问题等。部分患者由于缺乏对性病的认识或听信某些传言,担心自己染上了"不治之症",因此多采取听之任之、坐以待毙的态度,情绪极度低落,从而产生自卑、自责心理。护士应多关心和照顾患者,以热情、保密的态度进行接待,不讥讽、嘲笑患者,做好耐心、细致的解释和开导工作;帮助患者消除顾虑,让其懂得生活的意义,为了事业和家庭去治疗疾病、战胜疾病;指导家属积极参与、协助安排患者的日常生活和治疗,使患者消除悲观、失望、绝望的心理,重新塑造自我;同时,介绍病情的可治性和防止传播的重要性,特别强调疾病的传播途径及禁止不正当性行为、树立良好道德风尚的必要性,使之自觉克服不良性行为。

五、常见问题处理

(1)沟通不畅:患者可能因为语言障碍、沟通困难或文化差异而导致沟通不畅。解决策略包括倾听、理解和尊重患者的言辞和文化背景,使用简单、明确的语言,可能需要借助翻译或文化中介。

(2)态度冷漠:医护人员可能表现出冷漠或不友好的态度,影响患者的信任和合作。解决策略包括培训医护人员提高沟通技巧和人际交往能力,提倡以礼待人,表达亲切、体贴的态度,并尊重患者的感受和意见。

(3)隐私侵犯:在诊疗过程中可能存在患者隐私权受到侵犯的问题,如在接待区域大声讨论患者的病情或在治疗过程中未提供足够的隐私空间。解决策略包括确保医疗环境提供充分的隐私保护,医护人员要注意言谈举止,尊重患者的隐私权和个人空间。

(4)治疗方案不适应:医护人员可能会推荐不符合患者的文化背景、宗教信仰或个人偏好的治疗方案,导致患者不愿意配合或接受治疗。解决策略包括了解患者的文化和宗教信仰,尊重其价值观和偏好,制订符合其文化和个人背景的个性化治疗方案。

通过充分的沟通、尊重患者的隐私和尊严、提供文化敏感性护理,以及培训医护人员人际沟通技能,可以有效解决与礼仪及人际关系相关的问题,提升妇科护理的质量和效果。

一、实训目标

通过实训深刻领会建立良好人际关系对于妇产科团队协作的重要性,以提供更优质的医疗服务。另外,通过情境模拟,探讨和分析团队合作中可能出现的问题,包括沟通障碍、团队协作不足等。

二、训练内容与方法

案例:

朱女士,29岁,孕1产0孕39^{+2}周,规律宫缩2小时入院。入院检查:胎方位头位,宫口开1厘米,先露—2厘米,胎心音143次/分钟,宫缩持续30秒,间歇4—5分钟/次,产妇精神状态良好。规律宫缩12小时后,宫口为2厘米,先露—2厘米,孕妇疲劳明显,孕妇及家属丧失自然分娩信心,强烈要求剖宫产。

你作为主管助产士,如何与孕妇及家属进行沟通?

孕妇及家属答应继续试产,5小时后,宫口开全,先露2厘米,胎心80次/分钟,持续3分钟,医生建议行产钳助产,你又如何与孕妇及家属进行沟通?

根据以上案例,班级学生分成若干个小组,每个小组成员分别扮演助产士、医生、孕妇及家属等不同角色,模拟产房情境,以展示团队协作的挑战。实训中,观察和记录团队成员的表现,提供实时反馈,以促使改善和学习。实训结束后,进行小结,每个小组成员分享个人体会,学生互相点评,教师指导、总结,共同探讨人际关系的影响因素,并提出改进建议。

三、训练评价

教师对每组学生的模拟进行点评并打出相应成绩(分别为优秀、良好、合格、不合格)。最后分析总结,对于表现好的学生提出表扬。

说明:评分总分为100分,语言沟通和非语言沟通技巧各占50分,优秀(90~100分);良好(80~89分);合格(60~79分);不合格(60分以下)。

练　一　练

第七章参考答案

一、单选题

1. 根据妇产科患者的心理特点,妇产科的护士人员应当重视对她们的（　　）。

　　A. 心理护理　　　B. 饮食护理　　　C. 基础护理　　　D. 整体护理

2. 应对孕妇孕期情绪波动的沟通,护士应( )。

    A. 倾听   B. 表达理解   C. 表达同情   D. 以上都是

3. 护士与家属沟通坏消息的策略有( )。

    A. 选择合适的环境   B. 理解家属的情绪

    C. 给予足够时间和空间   D. 以上都是

4. 在妇科接待患者和家属时,护士应( )。

    A. 保护隐私   B. 倾听和尊重

    C. 提供舒适的环境   D. 以上都是

二、思考题

    患者,王金凤,女,26岁,正常分娩。责任护士与助产士交接完之后,协助其进行母乳喂养。产妇却很抗拒,说"我现在没有奶,我的宝宝吃奶粉就好了,我们买的是最好的奶粉。"如果你是责任护士,如何与患者进行沟通,如何指导其进行母乳喂养?

老年病医院护理礼仪

 学习目标

1. 了解与老年患者及其家属有效沟通的重要性。
2. 理解掌握与老年人沟通的技巧对建立信任关系的影响。
3. 能够根据老年人的情绪和需求选择合适的沟通方式。
4. 熟知与老年人沟通中可能出现的挑战及应对策略。
5. 理解老年人临终前的心理变化和需要。
6. 能尊重老年患者临终前的意愿和决定,了解其需求并为其提供帮助。
7. 能够在面对临终老人时,保持冷静和沉稳。

 学习内容

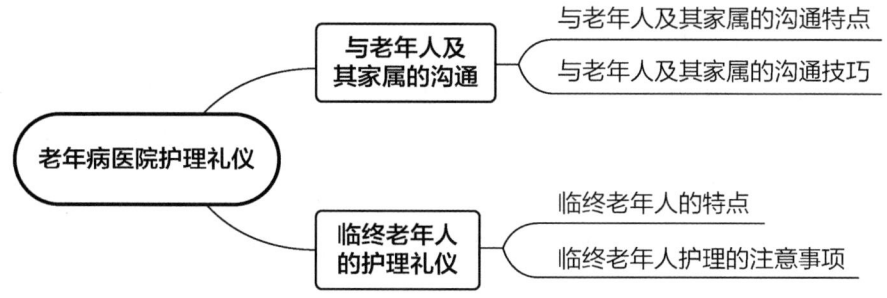

情境导入

　　小明是一名老年病医院的实习护士,他遇到了一位失去自理能力的老年患者。患者非常沮丧,并且拒绝接受治疗。家属则对治疗方案产生了怀疑。

　　请思考:

　　如果你是小明,你会如何与患者及家属进行沟通,以便提供最佳的护理服务?

第一节 与老年人及其家属的沟通

老年人随着社会角色的转换,自我价值感会降低,加之衰老与疾病导致表现力、感知力、理解力等沟通能力降低,而家属面对老年人的生理和病理变化往往缺乏相关护理知识和沟通技巧,因此护士应根据老年人的特点选择合适的沟通方式以达到与老年人及其家属有效沟通的目的。

一、与老年人及其家属的沟通特点

老年患者往往伴随着生理与心理上的特殊需求。在沟通中,老年患者可能会因生理功能老化导致听力、视力和记忆力下降,语言理解能力减弱,需要护士耐心倾听、缓慢表达,使用简单易懂的语言,尊重老年人的说话节奏,使得沟通更为顺畅。老年人常常带有浓厚的传统观念和社会文化背景,护士须尊重老年患者的生活经验和价值观念,避免与他们的认知产生冲突,建立起互相尊重、平等相处的沟通关系。

家属在面对老年亲人的病情时往往情绪波动大,焦虑不安,护士需要具备情绪管理能力,通过耐心倾听、理解家属的担忧与需求,提供专业的支持和建议,以缓解他们的情绪,促进医疗工作的顺利进行。另外,老年患者及其家属可能存在信息获取渠道有限、医疗知识匮乏的情况,护士须耐心解答他们的疑问,提供健康教育,协助他们更好地了解疾病的性质和治疗方案,增强其合作意愿,共同制订有效的护理计划。

总之,护士学习如何与老年人及其家属交流,不仅有助于提高医疗服务的质量和效率,也能够增进医患之间的信任与理解,营造和谐的医疗环境,为老年患者提供更全面、专业的护理服务。

二、与老年人及家属的沟通技巧

(一)主动接触

护士可以主动与老年患者及家属建立亲近的关系。通过问候、微笑和友善的态度,营造一种温暖亲切的氛围,让老年人及家属感受到关怀和尊重,从而促进互动和沟通的愉快进行。护士应利用日常护理或服务时的接触,主动尝试与老年患者及家属进行交流,可以询问他们的健康状况、喜好等,通过细致入微的观察和倾听,了解他们的需求和关注点,从而更好地提供个性化的护理和服务。

此外,护士可以定期举办健康教育讲座或康复活动,邀请老年患者及家属参与。通过这些活动,不仅可以传播健康知识,还可以增进交流、沟通情感,促进与老年人及家属之间的互动和理解。老年患者可能因健康状况或心理因素而表现出情绪波动,护士需要保持耐心和理解,尊重他们的感受和意见,倾听他们的诉求,给予关怀和支持。主动接触、亲近关怀、倾听理解、耐心尊重和保持沟通渠道畅通,这些技巧能够帮助护士与老年患者及家属建立起良好的信任关系,提供更加个性化和优质的护理服务,从而提升医疗质量和患者满意度。

(二) 了解其身心状况和生活习惯

老年人可能会因年龄大、身体虚弱而产生焦虑、恐惧等情绪,因此,耐心倾听、尊重他们的意见和感受是至关重要的。与老年人交流时,应使用简单易懂的语言,避免使用专业术语,可以通过面部表情、手势等方式传达更多的关怀和理解。对于老年人的家属,他们可能会担忧患者的健康状况,需要得到情感上的支持和专业上的指导。在与家属沟通时,护士应当坦诚、真诚地传递患者的病情情况和治疗方案,同时给予他们必要的安慰和鼓励,建立起互信的关系,让家属感受到医护人员的关怀和专业,帮助家属更好地面对老年人的疾病。在沟通过程中,护士还应当充分尊重老年人及家属的选择权,给予他们决策的空间和尊严,同时,积极主动地提供信息支持和解答疑问,共同制订合适的治疗方案。此外,护士应及时回应老年人及家属的需求和关切,建立起良好的沟通氛围和情感连接以提升治疗效果和患者家属的满意度。

(三) 注意自我形象

护士的自我形象和专业素养对于与老年人及其家属有效沟通至关重要。护士需要注意自己的仪表形象,保持整洁、专业的形象。穿着整洁的制服、保持简洁的妆容可以展现出护士的专业态度和工作认真程度。这不仅可以增加患者及其家属对护士的信任感,还能让他们更愿意与护士进行深入的沟通。

老年人往往需要更多的关心和支持,护士在面对老年人及其家属时,应展现出亲切、耐心和关怀的态度,可以通过微笑、温和的语气,以及关心的问候来传递出关爱之情。耐心倾听老年人及其家属的诉求和需求,尊重他们的意见和选择,建立起一种平等、信任的关系,使沟通更加顺畅和有效。护士还应当具备一定的情绪管理能力,避免情绪波动影响到与患者及其家属的沟通效果。

通过自我情绪管理和应对技巧,护士能够更好地与老年人及家属建立起稳固的信任关系,为他们提供更优质的护理服务。

(四) 提供舒适的环境

为老年人及其家属提供舒适的环境是十分重要的。在等候区域布置一些舒适的座椅,放置一些亲切温暖的装饰品,增加患者及其家属的舒适感。同时,可以放置一些老年人喜欢的读物、音乐,让他们在等候的过程中有些许放松和快乐,减轻焦虑和紧张情绪。医院内部的装修布局也需考虑老年人及其家属的需求,尽量避免选择过于冷淡的灯光和色彩,应选择温暖明亮的色调,营造轻松愉悦的氛围。在病房内放置一些熟悉的物品或照片,创造出一种家庭般的氛围,让老年人及其家属在医院里也感受到亲切和温暖。

在与老年人及其家属交流时,护士也可以利用环境因素来促进沟通。选择安静、私密的空间进行交流,避免嘈杂的环境干扰,能够让双方集中注意力,更好地进行交流。同时,适当控制室温和湿度,确保环境舒适适宜,提高老年人及其家属的舒适度和接受度。对于老年人的特殊需求,护士也应当在环境调整上予以重视。比如安排一些易于访问的便利设施,注意照顾老年人的活动便利性和安全性,为他们提供贴心周到的服务。通过创造良好的环境和提供舒适的氛围,护士能够更好地与老年人及其家属建立起互信、和谐的关系。

(五) 保证充足的沟通时间

老年人及家属可能面临身心健康方面的困扰和担忧,需要医护人员给予足够的时间,耐心倾听,了解他们的需求和情绪。护士应当尊重老年人及其家属的沟通节奏和习惯,给予其足够的时间让他们表达自己的想法和感受。在与他们交流时,不要急于打断或匆忙结束,要给予他们充分的时间倾诉和表达,展现出倾听和尊重的态度。通过耐心倾听,护士可以更深入地了解老年人及其家属的需求和期望,建立起更紧密的信任关系。

护士应主动创造出与老年人及其家属进行深入沟通的良好环境和时机。在有利的时间段安排与他们的交流,避免匆忙交流,保证沟通的质量和效果。通过与老年人及其家属建立起亲近、轻松的交流氛围,可以促进更加真诚和有效的沟通,防止沟通受到外界环境的干扰和影响。此外,护士还应当灵活运用沟通技巧,提高沟通的效率和质量。比如,可以通过开放性问题引导老年人及其家属参与谈话,鼓励他们分享自己的经历和感受;同时,采用肯定性的语言和表达方式,让老年人及其家属感受到尊重和理解。运用非言语沟通手段如微笑、眼神交流等,更好地传递出关怀和同理心,拉近与老年人及其家属的心理距离。

(六) 学会换位思考

通过换位思考,护士可以更好地理解老年人及其家属的感受和需求,增进相互之间的理解、尊重和信任,从而提供更为个性化和贴心的护理服务。护士应当设身处地地考虑老年人及其家属的立场和情感。老年人可能因年龄增长或疾病的困扰而情绪波动较大,而家属则可能因担心和焦虑而产生紧张情绪。在与他们沟通时,要试着换位思考,设身处地地感受他们的痛苦和担忧,对他们的情绪给予理解和关怀,表达出同理心和体谅之情。

通过换位思考,护士可以更好地理解老年人及其家属的生活体验和价值观。老年人的思维常常根植于传统价值观念和习惯,而其家属可能受到家庭影响和责任压力,在对待疾病和治疗方面有着特定的看法。医护人员可以通过换位思考,尊重并接纳他们的观点和选择,与他们建立起更为亲近和和谐的关系,促进有效的沟通和合作。学会换位思考也有助于护士提高沟通技巧和表达能力。通过设身处地地思考,可以更好地调整自己的沟通方式和态度,避免采用过于专业或理性的表达方式,更多地关注和体察老年人及其家属自身的情感和需要。

(七) 评估老年人的沟通能力

老年人常面临诸多沟通障碍,如视力听力减退、记忆力减退、不会说普通话等,这对护士与老年人及其家属的有效沟通提出了挑战。为了克服这些障碍,医护人员可以采取一些技巧与他们进行更有效的沟通。对于听力受损的老年人,可以提高自己的音量,清晰地、慢慢地说话;对于视力问题,可以确保照明充足,使用清晰简洁的字体和大号字体进行沟通,提供辅助阅读器材等工具帮助老年人更好地理解信息。

针对记忆力减退的老年人,护士可以采取集中注意力的策略,避免过多信息同时呈现,简洁明了地表达重要内容,重复关键信息以帮助老年人加深记忆。同时,可以运用记忆提示卡、日程安排表等工具,帮助他们更好地记忆重要事项和安排。针对患有阿尔茨海默病的老年人,护士需要更加耐心和体贴。要避免使用复杂的语言或逻辑推理,而是采用简单、直接、亲切的语言与他们交流;同时,建立既定的日常生活规律和重复性任务,帮助他们维持生活的连续性和稳定性。

对于老年人或其家属使用方言的情况,护士可以尝试了解并学习相关方言的基本用语,建立一种共同的语言桥梁,增进双方之间的互动和理解。同时,护士还可以利用沟通工具和辅助设备来提高与老年人的沟通效果。比如利用图片、图表、手势等视觉辅助工具,帮助老年人理解和表达自己的需求;或者使用纸笔、电子设备等辅助工具进行书面沟通。

> **知识窗**
>
> ### 老年友好型社区
>
> 2020年12月,中华人民共和国国家卫生健康委员会老龄健康司发布了《关于开展示范性全国老年友好型社区创建工作的通知》,提出"到2025年,在全国建成5 000个示范性城乡老年友好型社区,到2035年,全国城乡实现老年友好型社区全覆盖"。该通知提出,创建老年友好型社区的工作目标是:提升社区服务能力和水平,更好地满足老年人在居住环境、日常出行、健康服务、养老服务、社会参与、精神文化生活等方面的需要,探索建立老年友好型社区创建工作模式和长效机制,切实增强老年人的获得感、幸福感、安全感。

第二节　临终老年人的护理礼仪

生老病死是自然规律。护士在临终护理中除了应掌握相关的理论知识和技能,还需要注意相应的礼仪要求,帮助临终老人舒适、安详、有尊严、无遗憾地度过人生最后时期,同时要给予其家属支持和关爱。

> **情境导入**
>
> 春节前夕,80岁的赵大爷因重病住进了老年病医院。医生告知他病情已经到了无法挽救的地步,需要准备迎接临终。护士小玲在给赵大爷梳理床铺的时候,听到他低声说:"想回家过年。"
>
> **请思考:**
>
> 作为护士,你会如何回应赵大爷的愿望?如何在尊重他的同时给予其支持?

阅读角

临 终 关 怀

　　早在两千多年前的春秋战国时期,《周礼·地官·大司徒》中就记载:"以保息养万民,一曰慈幼,二曰养老,三曰振穷,四曰恤贫,五曰宽疾,六曰安富。"这里的"养老",不只是指对老年人的赡养,也包括对老人临终之际的关心照顾。

一、临终老年人的特点

　　老年患者身处临终的阶段,常常表现出一系列特点,如情绪敏感、身心疲惫、易感孤独,面对临终的现实,心情复杂,需要得到充分尊重和支持。心理学家罗斯博士观察了数百位临终患者后,提出临终患者通常经历否认期、愤怒期、协议期、忧郁期、接受期等五个心理反应阶段,因此,临终老年人需要得到护士的充分尊重和支持。护士学习相关的护理礼仪和沟通技巧有助于更好地尊重和体贴临终老年人,为老年人的临终阶段提供更加温暖、体贴和专业的护理服务,使老年人安详地度过他们的最后时刻,并为其家属带来慰藉和支持。

 课堂讨论

　　当个体接近死亡时,其心理反应是十分复杂的。你认为临终老年人会经历哪些心理反应阶段?

二、临终老年人护理的注意事项

(一) 尊重与倾听

　　在临终老年人护理中,护士的尊重与倾听至关重要。尊重不仅体现在对待老年人的尊严和隐私上,更包括对老年人个体差异的理解与尊重。护士需要用心倾听老年人的心声,包容他们的情绪,理解他们的恐惧、焦虑和内心挣扎。透过倾听,护士能够传递温暖与关怀,帮助老年患者安心面对生命的终结,同时减轻他们的孤独感和恐惧。在临终老年人护理中,护士要耐心解答老年人及其家人的疑虑,提供专业的帮助和支持,共同面对临终所带来的身心困扰。通过沟通，护士可以为老年人提供更加人性化和贴心的护理服务，让他们在临终时刻感受到关爱和温暖。护士要将尊重和倾听贯穿始终，通过细致入微的护理行为、真诚的倾听和沟通，为老年人营造一个安宁、舒适的临终环境，让他们在生命最后的时刻感受到尊严和关怀。这种尊重与倾听的护理态度不仅是对老年人的尊重，更是对生命的珍视和敬畏。

（二）提供舒缓和慰藉

护士应当在护理过程中注重老年患者的生理和心理需要，为他们提供舒适的环境，确保他们身心舒畅。在疼痛管理上，护士需要根据老年人的实际情况，合理调整药物和护理措施，及时缓解其痛苦，让患者感受到舒缓和轻松。护士还应当懂得尊重老年人的个人意愿和宗教信仰，在给予护理的同时，尊重他们的生命价值观和人生选择。护士可以通过细致入微的关怀和支持，为老年人提供心灵上的慰藉和安抚，让他们在告别生命的过程中感受到尊严与宁静。

（三）陪伴及支持

在护理临终老人时，护士的陪伴和支持至关重要。护士不仅要给予医疗护理，更要以温暖和关怀的态度，为老人提供心灵上的慰藉和支持，让老人感到安心、舒适和被尊重。在老人临终的过程中，护士可以通过亲切的问候、抚慰的手势和耐心的倾听，让老人感受到不孤独、不害怕，建立起一种亲切和信任的关系。护士可以在老人的身旁静静陪伴，倾听老人的诉说，为老人提供心理上的支持。在这个特殊的时刻，护士可以通过温柔的动作、亲切的话语和细心的照料，传递给老人无尽的爱和关怀，让老人感受到被珍视和被关心。护士可以帮助老人完成最后的心愿和愿望，满足老人的需求，让他们感受到生命的价值和意义。护士还应当给予老人家属支持。护士可以与老人的家人沟通，帮助他们理解和接受老人的临终情况，提供情绪上的支持和安慰。护士可以引导家人和亲友，让他们参与到护理过程中来，共同陪伴和呵护老人，营造一个温馨、和谐的临终环境，为他们的临终之路增添一份温馨和舒适。

（四）沟通与安抚

在老人面临生命终结时，他们可能会感到恐惧、焦虑和无助，护士可以通过平和的语调、温暖的眼神和温柔的动作，传递给老人宁静和安详的情绪，让老人在面对死亡时感到安心和释怀。护士还应当通过心理支持来安抚临终老人的内心。在老人精神上受到挑战和困扰时，护士可以引导老人通过倾诉、祈祷或者其他方式来释放心中的压力和烦恼,让老人感受到心灵的愈合和平静。通过沟通与安抚,护士可以为老人提供一个温馨、安详的临终环境,让老人在告别生命时感受到尊严和爱。

(五)家属关怀

在护理临终老人时,对其家属的关怀同样至关重要。护士需要通过体贴周到的态度和专业的护理技巧,为其家属提供支持和安慰,让他们在这个艰难时刻感受到温暖和安心。首先,护士应当以亲切和真诚的态度对待临终老人的家属。护士可以主动与家属沟通,倾听他们的需求和情绪,为他们提供心理上的支持。护士还可以耐心解释老人的病情和护理计划,让家属了解到医护人员的努力和关怀,增加他们的信任和融洽感。其次,护士需要通过关怀和体贴的举止来安抚家属的情绪。在这个痛苦的时刻,家属可能会感到无助、悲伤和焦虑,护士可以通过温和的语言、安静的笑容和细致的关怀,让家属感受到被尊重和被关爱,帮助他们度过难熬的时刻。最后,护士还应当引导家属正确处理情绪,帮助他们释放内心的压力和痛苦。护士可以运用心理支持和慢性疼痛管理技巧,帮助家属减轻焦虑和忧愁,让他们在面对临终老人时能够保持冷静和镇定,为老人提供更好的陪伴和关爱。

知识窗

临床关怀护士的职能

与其他护士相比,临床关怀护士并非帮助患者康复,而是让患者能够尽可能舒适地度过生命的最后时光,主要职责有观察患者并记录患者的症状;与医生、社会工作者进行沟通交流;管理药物;给予患者及家属情感上的支持;并确保患者在最后的日子尽可能地感到舒适。

 护理实训

实训一

一、实训目标

通过模拟护理临终老年人场景,了解老年人临终阶段的特点与需要,遵循专业伦理规范,尊重老年人意愿和尊严,学习如何有效沟通和倾听患者、家属的心声,掌握临终护理基本技能,如疼痛管理、患者舒适护理等,培养护士对于临终关怀的专业水平和情感支持能力,提升对临终老年人的尊重和关爱。

二、训练内容与方法

在一家疗养院,护士小玲每天都精心呵护着一位患有晚期癌症的老人王爷爷。王爷爷性格开朗,常常用他的笑容感染着周围的人。在听闻王爷爷病情加重,即将进入临终阶段时,小玲决定倾尽全力给予他最贴心的照顾。她了解到王爷爷喜欢听古典音乐,于是每天为他播放古典音乐,让王爷爷感受到温暖与安宁。随着时间的推移,王爷爷的病情逐渐恶化,他开始感到孤独和恐惧。小玲没有逃避,而是坐在他床边,握着他的手,用温暖的语言与他交谈,陪伴他度过这段艰难的时刻。她为王爷爷准备了他最喜欢的糖果,让他在临终前尽情享用。在王爷爷最后的时刻,小玲轻声为他唱起他最喜欢的歌曲,让王爷爷在温馨中安详地离开了这个世界。王爷爷闭上了眼睛,微笑着离开了人世,仿佛在梦中回到了年轻时光。

根据案例,请完成以下任务。

(1)模拟真实场景:设置临终护理模拟环境,扮演临终老年患者及其家属。

(2)角色扮演:分组轮流扮演护理者和老年患者,实践沟通技巧和护理流程。

(3)教师点评:请合作企业资深护士和任课教师担任评委,对学生的表现做出专业评价和指导。

三、训练评价

教师对每组学生的模拟进行点评并打出相应成绩(分别为优秀、良好、合格、不合格)。最后分析总结,对于表现好的学生提出表扬。

说明:评分总分为 100 分,语言沟通和非语言沟通技巧各占 50 分,优秀(90～100 分);良好(80～89 分);合格(60～79 分);不合格(60 分以下)。

评分要点如下。

(1)技能表现:评估护理者对临终护理技能的掌握程度。

(2)情感表达:评估护理者在模拟场景中的沟通能力和情感支持表现。

(3)专业态度:评估护理者是否遵循伦理规范,是否尊重老年患者的权益和尊严。

实训二

一、实训目标

通过情景再现,培养老年病医院护士与老年人及其家属之间的有效沟通技巧,提升医疗服务质量。

二、训练内容与方法

在角色扮演中,模拟一位老年患者因为不适被家属带到医院就诊。护士倾听老年人的描述,采用通俗易懂的表达方式,耐心给家属解释诊断结果。情景中加入家属的担忧和照顾需求,考验护士的情绪管理和综合沟通能力。

(1)角色扮演:轮流扮演不同角色,真实模拟临床沟通场景。主要角色包括身体虚弱,情绪抑郁,难以表达需求的老年患者角色;担心忧虑患者病情,对医疗方案有疑虑的家属角色;面对不同情况灵活应对,提供专业建议和亲切关怀的护士角色。

(2)小组讨论:每个情景结束后,进行小组讨论,分享沟通中的困难与收获。

(3)案例分析:提供真实案例,分析并讨论如何更有效地与老年患者及其家属沟通。

(4)视频学习:观看模范沟通视频,讨论优秀案例并学习借鉴。

三、训练评价

观察评价:观察护士在角色扮演中的表现,评估沟通技巧的应用情况。

讨论反馈:轮流扮演角色结束后,进行集体反馈,共同总结优缺点。

情景应用:在实际工作中,以此种情景应用为标准,评估护士在与老年患者及其家属沟通中的表现和进步。

教师对每组学生的模拟进行点评并打出相应成绩(分别为优秀、良好、合格、不合格)。最后分析总结,对于表现好的学生提出表扬。

说明:评分总分为100分,语言沟通和非语言沟通技巧各占50分,优秀(90~100分);良好(80~89分);合格(60~79分);不合格(60分以下)。

第八章参考答案

练 一 练

一、单选题

1. 丧偶老年人的心理状态不包括(　　)。

 A. 麻木　　　　　B. 怀念　　　　　C. 内疚　　　　　D. 放弃

2. 对临终老年人实施心理护理,不包括以下哪一点(　　)。

 A. 观察病情变化

 B. 重视与弥留之际老年人的心灵沟通

 C. 耐心倾听和诚恳交谈

 D. 触摸

3. 对临终患者的心理护理下列哪项不妥(　　)。

 A. 理解患者的心理需求

 B. 对患者攻击行为应无声地接受

 C. 尽量满足患者的意愿

 D. 对患者否认期的言行应好心矫正

4. 临终患者最早出现的心理反应期是(　　)。

 A. 否认期　　　　B. 愤怒期　　　　C. 协议期　　　　D. 忧郁期

5. 临终患者表现出怨天尤人,责怪命运不公,迁怒于他人。根据心理学家罗斯博士的临终患者心理分期,该种表现属于(　　)。

 A. 否认期　　　　B. 愤怒期　　　　C. 协议期　　　　D. 抑郁期

二、思考题

　　患者,杨万春,男,71岁,患有糖尿病。患者曾是军队干部,患糖尿病已经六年了。一天,护士小王去给患者抽血,这次治疗盘里有三个血液试管,杨爷爷看了看小王手里的试管,叹了口气说:昨天六个管子,今天三个管子,这是要我的老命喽……如果你是护士小王,该如何与患者杨爷爷沟通?

第九章　实习护士实习礼仪与求职礼仪

 学习目标

1. 了解实习前的准备工作，掌握实习过程中的基本礼仪要求。
2. 了解实习期间实习护士的权利与义务。
3. 掌握求职信、个人简历的撰写规范。
4. 熟悉面试的礼仪要求。
5. 能够运用实习过程中的基本社交礼仪，塑造良好职业形象。
6. 学会恰当运用面试技巧完成模拟面试。

 学习内容

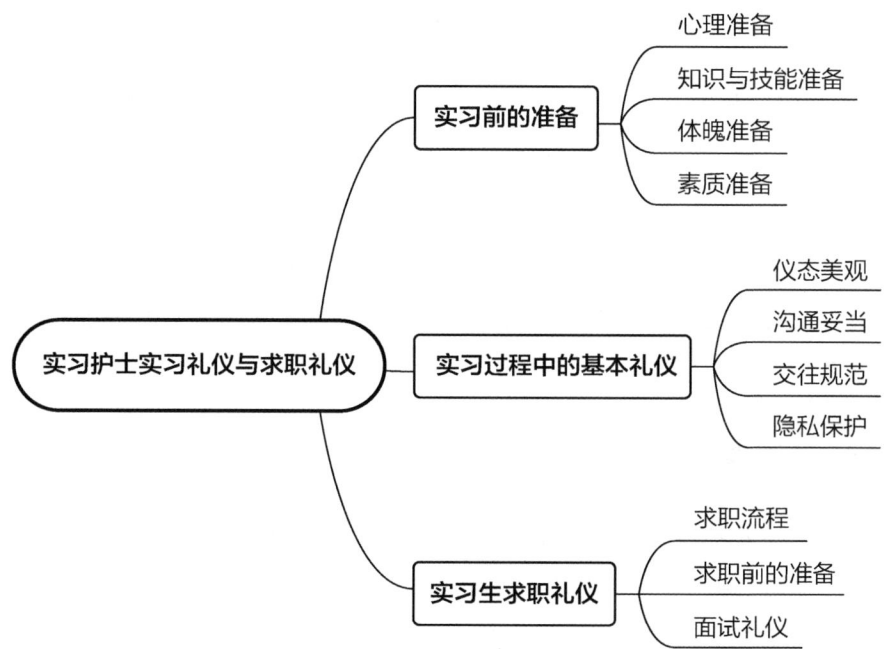

情境导入

　　护生小张今天第一天实习,护士长将其分给带教老师王护士。王老师让小张给4床患者李先生发药。小张见李先生在午休,就将药放在李先生的床头柜上。事后,李先生来问小张:"新发的这颗药是治什么的?"小张支支吾吾,红着脸说:"我是实习护士,带教老师就告诉我来给您发药。"说完转身离开了。

请思考:

1. 上述案例说明了什么问题?
2. 为便于日后的护理实践,小张应做好哪些方面的准备?

第一节　实习前的准备

　　初出校门迈入实际工作岗位,如何使自己的言谈举止在领导、同事、患者面前恰到好处、规范自然,是每位实习护士面临的挑战。学习实习前的准备是护士必修的功课,亦是护生迈好职业生涯的第一步。

 课堂讨论

　　为了更好地适应临床护理实习工作,在进入临床实习前,你将会做哪些方面的准备?

一、心理准备

　　临床实习是从学生角色转变为护士角色的关键时期。忙碌的工作环境、夜班工作制度、理论与实践的差别、生活节奏的变化等可能会造成实习护士多样化的角色失调。因此,准确认识自身的长处和短处,根据自我性格和能力素质特征,确立一个自我教育培养的目标是每位学生在实习前的必要准备。面对临床实习可能遇到的挫折和困难,学会冥想、松弛、倾诉等合理发泄情绪的方法有助于学生妥善处理好自身各个角色之间的关系。同时,实习护士应加强自身职业道德的修养,充分认识到护士职业的崇高和肩负的使命,学会发挥护士的角色功能。

二、知识与技能准备

实习护士应明确实习时间、地点,在老师的帮助下尽可能多地熟悉医院环境、规章制度、注意事项和工作特点,强化专业知识和技能的复习,为临床工作奠定扎实的基础。实习护士要认真学习医院感染和职业暴露的防范知识,养成操作前、中、后及上下班前洗手的习惯,知晓采血、输液、配制抗肿瘤药物时应佩戴手套的规范,养成护理患者时佩戴口罩的习惯,必要时做好预防接种,避免医源性传染。此外,实习护士应学习《中华人民共和国护士管理办法》《护士条例》等相关法律法规,明确实习期间自身法定的职责范围。

三、体魄准备

紧张而忙碌的临床工作节奏会打乱实习护士原有的生活规律,实习护士可能在生活节奏、体力等方面出现不适应。因此,实习护士要调整作息时间、劳逸结合、保证营养摄入,以保持充沛的精力和体力。

四、素质准备

良好的职业形象是赢得患者信任的第一要素。亲切自然的微笑、端庄大方的仪表、清洁得体的装束能够让患者如沐春风,增加患者的心理舒适感,获得患者的信任。实习护士通过学习《护理伦理学》《护理礼仪与人际沟通》《护理美学》等课程知识,不断提高对美的鉴赏能力及临床工作中对美的创造能力。同时,实习护士须严格遵守实习医院的规章制度和劳动纪律,尊重领导、老师和同事,不迟到早退,不随意请假及擅离职守,如遇生病等特殊情况,及时汇报老师及领导,获得批准后方可离岗。另外,实习护士也需要保持谦逊有礼的言行和严谨求实的工作作风,对待患者一视同仁、热情主动,操作时动作轻柔,不高声喧哗,保持热情而稳定的情绪。

> **知识窗**
>
> **申请参加护士执业资格考试的相关规定**
>
> 根据《护士执业资格考试办法》第十二条内容规定：在中等职业学校、高等学校完成国务院教育主管部门和国务院卫生主管部门规定的普通全日制 3 年以上的护理、助产专业课程学习，包括在教学、综合医院完成 8 个月以上护理临床实习，并取得相应学历证书的，可以申请参加护士执业资格考试。

第二节　实习过程中的基本礼仪

临床护理工作者不仅要有精湛的护理操作技能，还要具备较高的礼仪文化等综合素养。实习护士在实习期间应严格按照护理礼仪规范来要求自己，重视内在美和外在美的统一，展示白衣天使的真善美。

情境导入

近日，一段"实习护士上班期间玩直播"的视频在网上广为流传。视频显示，一名身穿粉色护士服、戴黑框眼镜、蓝色口罩的实习护士在上班期间对着手机进行直播，时不时与网友互动，其身后的场景是医院护士操作间。有网友提出"能否摘下口罩"，该年轻女子将口罩陆续摘下几次，随后又将手机放到工作台上。她面前是另一名身穿粉色护士服的年轻女子，右手持记录本，对照着记录本，左手操作配药。直播期间，有网友提醒她们上班期间不能直播，但两名女子称不影响工作。也有网友提醒"配药时直播怕配错药"，而配药的女子则表示她们是专业的，"错不了"。直播期间，戴眼镜女子提醒网友关注她的直播号。整个直播时长超过 1 小时，累计观看人数超过 400 人。

请思考：

1. 上述案例的发生说明了什么问题？

2. 一名合格的实习护士应展现哪些方面的礼仪规范？

一、仪态美观

在临床实习期间,实习护士要做到精神饱满,衣帽整洁;女生头发盘起,男生发不过肩;提倡淡妆上岗,忌浓妆艳抹;举止大方,站姿挺拔,坐姿端庄,走姿平稳,蹲姿优雅,动作协调连贯,给人以动态的美感;护理操作娴熟,动作稳重、轻柔和敏捷,做到"说话轻、走路轻、操作轻、开关门轻"。实习护士要通过树立良好的护士职业形象,展现白衣天使的精神风貌,赢得患者的信任和好感。

二、沟通妥当

礼貌用语是尊重他人的具体表现,是友好关系的敲门砖。实习护士在与他人沟通交流时注意"请"字开头、"谢"字结尾,面对领导和带教老师热情问好,面对同行语气谦和,面对患者亲切真诚。尤其在与患者沟通时,实习护士应学会主动介绍自己,根据患者的年龄、病情、性别、职业、文化背景来称呼患者。正确运用规范性语言以密切护患关系,如"您好""请问""我带您去"等,避免使用护理忌语,如"我不知道""你上那儿问去"等生硬、冷漠的语言。注意耐心倾听患者的讲话,观察患者的表情和肢体语言,并及时给予反馈或提示。尽量避免使用专业医学术语,力求语言简单明了、通俗易懂,缩短与患者的距离,使护患交流沟通更加自然、顺畅。

知识窗

实习护士的法律责任

1. 实习护士须在带教老师的严格监督指导下按照护理操作程序为患者实施操作。

2. 在带教老师的监督指导下,实习护士因操作不当造成护理差错事故,除本人负责外,带教老师也要负法律责任。

3. 实习护士未经带教老师同意,擅自独立进行护理操作造成医疗纠纷由其本人承担责任。

三、交往规范

实习护士在医院内要与患者及其家属、其他护士、医生、辅助科室人员等进行广泛的交往。由于每个人的个性、爱好、修养、文化水平、生活经历各不相同，要想与他人友好相处，实习护士必须要遵循相应的礼仪规范。在与患者及其家属交往的过程中，举止文明，注重语言、沟通技巧，尊重患者等尤为重要；在与同事交往时遵循尊重、团结、诚信、善待的原则，面对带教老师、高年资护士及领导热情问好、主动请教；面对同伴团结友爱、取长补短、相互支持；面对医生及辅助科室人员及时沟通，相互尊重。

四、隐私保护

《护士条例》第十八条规定："护士应当尊重、关心、爱护患者，保护患者的隐私。"护士若违反保密原则，擅自公开患者的隐私，造成不良影响，视为侵犯患者的隐私权。实习护生要认真学习相关法律知识和规则，牢固树立保护患者隐私权的意识，注意在对患者评估、检查、护理等过程中做到全程为患者的隐私保密。

> 知识窗
>
> ### 发 药 礼 仪
>
> 推车轻开门入内，随手轻关门。
>
> "您好，我是您的责任护士××。请问您叫什么名字？请让我核对下您的手腕带信息。××先生/女士，今天医生开药了，这药是治疗××病的，每天3次，每次1片，餐后服用。我帮您倒点热水，请您慢慢服下。服药如果有调整我会告诉您的。请您好好休息，有任何问题请随时打铃呼叫我。"
>
> 推车轻开门离开，随手轻关门。

第三节　实习生求职礼仪

> **情境导入**
>
> 金同学，护理专业的大三学生，目前还在康复护理院实习。眼看着同学们基本上都已经拿到医院的录用通知书，金同学心里很着急，也到

处投简历。为了找工作，她无故旷工、迟到、早退。实习科室的带教老师找到总带教反映这个问题，总带教向人事部门反映了问题。

请思考：

1. 你怎么看金同学的这种行为？
2. 如果你是人事经理，会怎么处理这件事？

当前，就业竞争日益激烈，对于护理专业的在校生来说，掌握好求职礼仪是进入心仪医院工作的敲门砖。求职礼仪是指学生在求职过程中需要向面试官展示自身素质水平的一种礼貌行为和仪表规范。良好的求职礼仪对于学生实现自己的人生目标，在理想的单位获得一份满意的工作有着重要作用。

一、求职流程

多数情况下，学生在求职过程中会经历"就业信息收集—投简历—笔试—面试—操作考试—体检—等待录用通知书"这几个阶段，以上阶段可以单独出现，也可以同时出现。每个阶段都需要用到礼仪知识。

（一）就业信息收集

及时获得就业信息，不错失良机。求职者要及时了解国家、地方政府或学校关于就业的相关政策，善于利用网络、报刊、广播电视、校园招聘会及同学间的信息共享等途径等收集就业信息。在收集就业信息的过程中，要注意甄别信息的真伪，防止上当受骗。

（二）制作及投递简历

个人简历没有固定格式，主要内容包括个人基本情况、求职目的、资格和能力，同时附上辅助资料，如相关技术等级证书、职业资格证书、荣誉奖励证书等。制作简历要注意简洁明了、实事求是、重点突出。一份高水准的、能吸引用人单位眼球的简历，除了有实打实的内容填充，还需要有美观大方的排版和条理清晰的表述。简历可以以纸质版递送应聘单位，也可以以电子版的形式邮箱投递。招聘单位的人事（简称"HR"）会通过简历来判断求职者的工作能力和基本素养。因此，认真制作简历非常重要。

（三）笔试准备

求职者要根据招聘单位的通知和要求准备笔试。各招聘单位根据政策，会举行不同形式的笔试，有些医院是当地卫健委统一考试，而有些医院是由医院自行组织笔试。笔试的内容也不尽相同，专科性较强的医院如妇产科医院、儿科医院，考试内容往往偏向相应的专科内容，而综合性医院的笔试内容比较广泛，各个科目的内容都要复习准备。

（四）面试准备

求职者与面试官仅仅有几分钟至十几分钟的短暂接触，求职者想要求职成功往往需要抓住这稍纵即逝的机会。面试前要巩固专业知识和技能、准备好简历等资料、做好心理准备、提前熟悉面试环境，注意仪容仪表是否规范。面试时要守时，一般提前 15～20 分钟到达面试地点，注意候场礼仪和面试礼仪。根据招聘单位的性质、运营机制及招聘制度的不同，面试次数与形式也不同。比如学校举办的招聘会对于参会单位来说，就是一次简单的初筛面试，会挑选出第一印象不错的学生进行后续的面试邀约。

（五）护理操作考试准备

由于护理工作实践性很强，用人单位通常会要求求职者进行护理操作考试以考查求职者的业务水平。作为护士，需要熟练掌握常见的基础护理操作技术和专科护理技术，能根据案例对患者进行护理。参加操作考试时，要提前准备好护士服、护士鞋、护士帽及考试证件；操作中，要具有批判性思维，能分辨医嘱是否合法有效，同时注意仪容仪表大方稳重，动作规范娴熟，态度和蔼可亲。

（六）体检准备

良好的体魄是全面发展的基础，也是顺利学习和工作的前提。因此，求职者平时要注意养成良好、健康的生活习惯，饮食均衡，适当运动锻炼，并保持良好的心态。这样面试时既能给招聘单位留下健康向上的印象，也能顺利通过入职前的体检。

> **知识窗**
>
> **简历中照片的选择**
>
> 为了给应聘单位留下良好的第一印象，选择什么样的照片放在简历中也需要特别注意。照片中的应聘者服饰、发型、仪容仪表等要得体美观。

二、求职前的准备

（一）确定自己的职业定位

职业定位是指明确自己的职业目标，计划在哪个城市工作，想要从事什么职位的工作，想在哪个单位工作。经过一段时间的实习，基本要明确以后是否想要继续从事护理职业。要基于所学的专业、自身的能力、身体状况等进行考虑，不要盲目跟风，也不要摇摆不定。摇摆不定是最让用人单位头疼的事情，尤其是在用人单位发了录用通知书以后，求职者再改变职业方向，这就浪费了双方的资源和时间。

> **阅读角**
>
> #### 一生只做一事——"糖丸之父"顾方舟
>
> 20世纪50年代，脊髓灰质炎（又称小儿麻痹症）曾在我国大范围暴发。时任中国医学科学院病毒学研究所脊髓灰质炎研究室主任的顾方舟临危受命，开始进行脊髓灰质炎研究工作。此后，顾方舟研究小组首次用猴肾组织培养技术分离出病毒，为预防脊髓灰质炎的进一步传播提供了必要的流行病学资料。之后，顾方舟及其团队成功研制出脊髓灰质炎糖丸疫苗，并通过了科学的检验。顾方舟以国家需求为使命，为脊髓灰质炎的防治奉献了一生，最终实现中国全面消灭脊髓灰质炎并长期维持无脊灰状态，造福了亿万儿童，为护佑国人健康，推动中国公共卫生事业发展做出卓越的、历史性的贡献。顾方舟的爱国情怀、科学远见和务实学风为民族之骄傲，医界、学界之典范。

（二）确定自己心仪的求职单位

有了明确的职业定位以后，求职者需要通过各种渠道查找有关目标单位的信息，包括什么时候招聘、招哪些岗位、招聘人数、公立还是民营、综合医院还是专科医院、单位的知名度如何、成立的年限、对应的薪资待遇和福利，以及招聘单位期望职工在这个特定的岗位上应该具有的素质。如果有朋友或校友在你心仪的单位工作，可以通过他们进一步了解，包括工作内容和工作氛围等。如果不能确定自己的心仪单位，就需要对海量的招聘信息进行甄别，了解招聘单位的具体情况。

（三）准备好求职资料

求职资料主要包括个人简历、求职信、相关的荣誉获奖证明材料等。这些材料除了内容要真实，还要能够把你的个人综合能力和素养呈现出来，而用人单位对求职者的第一印象就是从简历的页面是否干净整洁、年龄与职级待遇是否匹配、简历填写是否完整且字迹工整、教育背景和工作经历如何、简历上描述的内容是否有条理、简历照片上的个人形象如何等方面而来的。每当毕业季或招聘季，用人单位就会收到成千上万份简历，一份好的简历，可以让求职者顺利得到宝贵的面试机会。

（四）提前做好求职的心理准备

求职的重要环节是面试，常规面试是考官和应试者面对面、以问答的方式进行的。面试环节容易让求职者产生紧张的情绪，一般面试官会通过应试者表达时的语气、表达的思路、肢体动作、面部表情等来观察应试者的心理素质。因此，在面试时要调整好心态，尽可能表现出色。另外，当前就业竞争激烈，要做好接受求职失败的心理准备，即便失败也要保持积极的心态，以准备下一次求职。

三、面试礼仪

（一）面试中的礼仪

1. 做好时间管理

面试时需要有很强的时间观念，严禁迟到。建议提前 15～20 分钟到达面试现场，以表求职的诚意，这样不仅能增加招聘方对你的信任感，同时也有利于自己有足够的时间调整心态，避免仓促上阵，手忙脚乱。如果有客观原因无法参加，应提前电话通知招聘者，以免对方久等。面试快结束时，招聘人员会有一些暗示，如"我们一旦决定后通知你"，此时，求职者应适时告别，避免盲目拖延时间，或表现出急欲离开的样子，过早地想离场会让招聘者认为你没有诚意，或者做事没耐心。

 课堂讨论 ————————————————

刘晓静今天要去面试，她提前做了面试准备。可是她在到达面试等候室时感到紧张，于是，打电话跟她的同学倾诉，一聊紧张的情绪果然消除了不少。

轮到她面试的时间,面试官没见到刘晓静,于是请工作人员来请刘晓静。工作人员喊了两三声见没人应答,就去回复面试官刘晓静不在。等到所有应聘者都面试结束离开了,刘晓静才火急火燎地进入面试室,仓促地做了自我介绍,招聘单位最终也没录用她。你会建议刘晓静做哪些改变?

2. 整理好仪容仪表

虽然说实力才是求职者的王牌,但好的形象也是面试成功的关键因素。面试时塑造良好的个人形象,展示自己的精神面貌,容易给招聘者留下一个良好的第一印象。面试需要穿着正式,建议穿西装,西装要平整、清洁、有裤线、口袋不放任何东西,全身服饰颜色不要超过三种。发型梳理整齐,女生长发用发夹夹好,不染夸张的发色。女生化淡妆,不留长指甲,不涂色彩夸张的指甲油。如果要用香水,应适量使用,避免香味刺鼻。

3. 注意谈吐

面试不是闲聊,也不是谈判,是为了给招聘者留下良好的印象。通常招聘者会给你几分钟的时间做一下自我介绍,在这短短的几分钟内,要自信大方,态度诚恳,口齿清楚,语言流畅,语速适中,用精练的语言把自己"推销"出去,让招聘者了解到你的优势和特长、研究的领域、主要的成就等,充分展示你过硬的专业知识和技能、良好的沟通和做事能力,让招聘者认可你能胜任这份工作。

在交谈过程中,要大方得体,表情自然,目光亲切,观察对方的反应,适时调整自己的思路和话题。回答问题时,要从容镇定,谦虚诚恳,不卑不亢,注意巧答,可以"浅显问题深入答,深奥问题简单答,原则问题坚定答,陌生问题伸展答,实践问题总结答"。倾听时,要目光注视对方,仔细倾听对方讲话的内容,配合点头或插入简短的话语,如"是的""对"等。

4. 自然得体的举止

礼貌的举止是成功求职的加分项。在等待面试的时候,要避免旁若无人地大声说话或笑闹。求职者进入面试室前,不管门是否关着,都要先礼貌地轻叩门三声,准入后才能进门,并随手关门。进门后,要面带微笑,主动问好,把简历等资料字面朝向招聘人员,身体稍前倾,双手大方递出。面试者如未先伸手行握手礼,求职者不宜主动伸手。

在进入面试室后,招聘者没请你入座,切记不可贸然就座。如果没有指定座位,可以选择坐在招聘者的对面座位。良好的坐姿能够传递出求职者自信练达、积极热情,同时也能够展示出求职者高雅庄重、尊重他人的良好风范。求职者坐姿的基本要求是端庄、文雅、得体、大方。在入座时要轻,只坐满椅子的2/3,男生后背轻靠椅背,双膝略分开,双手放在膝盖上,身体可稍向前倾,表示尊重和谦虚。女生在入座前把裙装捋平后再坐下,两腿并拢,双脚同时向左或向右放,两手叠放于腿上。

知识窗

面试中如何巧答

某博主分享了自己的求职经历,他应聘的是销售岗位,很幸运地进入了面试环节,面对招聘者的提问,他对答如流。可就要快结束时,面试官突然出了个难题:"如果我要你在1分钟之内要到我的微信,你会怎么做?"博主一听,支支吾吾地说:"如果方便,可以加一下微信吗?"面试官笑着摇了摇头。而同场的其他人是怎么回答的呢? 一个女孩试探性地问:"入职后,因为工作关系,需要对接,我们可否加一下微信?"面试官无动于衷。另一个小伙子灵机一动,笑着说:"您加一下我微信,我给您发红包。"面试官也拒绝了。紧接着,最后一名男士说:"我认识一位业内有名的猎头,手上有许多不错的人脉资源,方便的话我加您微信,我将他的名片推给您,您也许会需要。"最后这位男士拿到了录取通知书。

(二) 面试后的礼仪

很多求职者只注重了面试时的礼仪,忽略了面试后的礼仪,而面试后的礼仪也能加深招聘者对你的印象。

1. 礼貌告辞

在面试结束后,起立,把自己坐过的椅子轻轻归位,把用过的一次性水杯扔进垃圾筒,并向对方表示感谢,这声感谢不仅仅是礼貌之举,很有可能会让招聘者改变初衷录用你。然后,缓步退出面试室,不可走得太快,以免让招聘者误以为你紧张、怯场。离开时,除非招聘人员主动与你握手,否则不宜主动伸手去握,可用鞠躬礼、点头礼和微笑示意。

2. 询问结果

一般情况下,招聘者会在面试结束后告知你通知面试结果的时间,求职者在这段时间一定要耐心等候消息,不要过早打听。如果在约定的通知结果时间内未收到通知,可以联系招聘者询问结果。如果收到不录用通知,也需要向招聘者表达感谢,调节好自己的心理状态,不要气馁,找出求职失败的原因并总结经验教训。就业机会千千万,总能找到一个适合自己的职位。

求职礼仪是一种行为准则,不仅能让面试官感觉心情舒畅和备受尊重,更能让面试官感受到你的素质水平。掌握好求职礼仪除了能提升求职的成功率,对于个人而言,也有利于塑造个人形象和魅力。别人不一定能在第一眼看见你的才华,但一定能在第一眼就看到你的个人形象和精神面貌。

 护 理 实 训 -

实训一

撰写案例分析报告

某医院的护理部主任到各科室检查工作,看到一位实习护士染了一头金黄色的头发,化着浓妆,穿着一双高跟鞋,双手交叉于胸前,斜靠在病床前与患者聊天。事后,护理部主任对这名实习护士进行了批评教育。请思考这位实习护士为什么受到批评?护士在工作中的仪表着装上应注意什么?请以小组为单位,完成一份案例分析报告。

项 目	评 分 标 准	得 分
主题	分析关联案例主题(30 分)	
文辞	文辞达意、逻辑合理(30 分)	
深度	能够应用所学知识,将案例问题与实际相结合,得出可以指导个人实践的有益结论(40 分)	
总 分		

实训二

拍 摄 短 视 频

以小组形式设计临床护理场景,如护士在病区内打电话、护理床头交接班、护理查房、实习护生向带教老师提问等,思考需要注意的礼仪规范,拍摄制作一段短视频,视频时长约5分钟。

项 目	评 分 标 准	得分
选题	选题合乎要求,符合临床护理实际(20分)	
礼仪规范	展现良好的护士职业形象,着装整洁、大方(10分)	
	体现尊重原则,微笑面对沟通对象,保护患者隐私(10分)	
	沟通时语气温柔、语速适中、吐字清晰(10分)	
	操作时动作轻柔,体现人文关怀(10分)	
	姿态、动作、手势、表情等符合礼仪规范(10分)	
拍摄技术	拍摄画面清晰流畅,语言规范、吐字清晰(20分)	
创新	体现一定的创新性(10分)	
总 分		

第九章参考答案

练 一 练

一、单选题

1. 护生实习前复习护理操作技能并熟练掌握,属于以下哪种准备?(　　)

　　A. 心理准备　　　　B. 身体准备　　　　C. 知识准备　　　　D. 素质准备

2. 以下有关护生实习中的行为哪项违反了规定?(　　)

　　A. 树立良好的医德医风　　　　　　B. 参加法律及相关知识讲座

　　C. 学习医院各项规章制度　　　　　　D. 自行书写护理病历

3. 接待新入院患者时,下列哪项不会引起患者的不满意?(　　)

　　A. 面部无表情　　　　　　　　　B. 目光不正式

　　C. 耐心应答患者　　　　　　　　D. 服饰礼仪夸张

4. 患者女性,40岁,持续高热两天,实习护生为患者做健康宣教时,不符合礼仪规范的做法是(　　)。

　　A. 礼貌称谓　　　　　　　　　　B. 倾听患者感受

　　C. 身体略微前倾　　　　　　　　D. 人际交往距离保持在 0.5 米内

二、判断题

1. 实习护生因擅自独立操作造成护理差错事故是不需要负责任的。(　　　)

2. 与患者沟通交流时,应"请"字当先,"谢"字不离口。(　　　)

3. 学会与患者、医生、同行、领导和带教老师沟通是实习护生的一项基本技能。(　　　)

4. 与患者道别时应强调礼貌用语,例如"再见,欢迎您再来"。(　　　)

主要参考文献

［1］韩琳.护患沟通典型案例解析［M］.北京：人民卫生出版社,2018.

［2］张超.母乳喂养指导师实践入门手册［M］.郑州：河南科学技术出版
社,2021.

［3］阚玉英,许志玉,姚文英.儿科护患沟通指南［M］.北京：人民卫生出版
社,2015.

［4］陈小红,刘艳.护理礼仪与人际沟通［M］.武汉：华中科技大学出版
社,2019.

［5］熊彩华,康维英,加合尖措.实用护理礼仪及常用语［M］.成都：西南交通
大学出版社,2018.

［6］秦东华.护理礼仪与人际沟通［M］.2版.北京：人民卫生出版社,2019.

［7］董媛,王福荣,王社民.社交礼仪实务［M］.5版.北京：北京理工大学出
版社,2021.

［8］曹伏明,唐万珍.护理礼仪与人际沟通［M］.北京：人民卫生出版社,
2025.

高等教育出版社 **教学资源服务指南**

感谢您使用本书。为方便教学，我社为教师提供资源下载、样书申请等服务，如贵校已选用本书，您只要关注微信公众号"高职素质教育教学研究"，或加入下列教师交流QQ群即可免费获得相关服务。

"高职素质教育教学研究"公众号

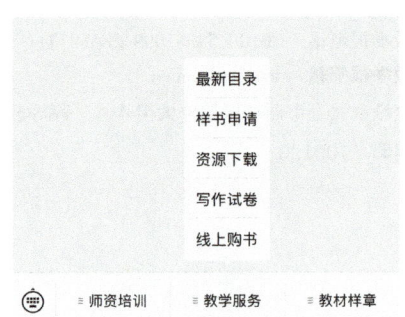

最新目录
样书申请
资源下载
写作试卷
线上购书

师资培训　教学服务　教材样章

资源下载：点击"**教学服务**"—"**资源下载**"，或直接在浏览器中输入网址（http://101.35.126.6/），注册登录后可搜索下载相关资源。（建议用电脑浏览器操作）

样书申请：点击"**教学服务**"—"**样书申请**"，填写相关信息即可申请样书。

样章下载：点击"**教材样章**"，可下载在供教材的前言、目录和样章。

师资培训：点击"**师资培训**"，获取最新直播信息、直播回放和往期师资培训视频。

 **联系方式**

职业素养和创新创业教师交流QQ群：310075759

联系电话：（021）56961310　电子邮箱：3076198581@qq.com